沥青路面养护策略分析

罗万洪 著

吉林科学技术出版社

图书在版编目（CIP）数据

沥青路面养护策略分析 / 罗万洪著 . –– 长春 : 吉
林科学技术出版社 , 2022.8
ISBN 978–7–5578–9419–1

Ⅰ . ①沥… Ⅱ . ①罗… Ⅲ . ①沥青路面—公路养护
Ⅳ . ① U418.6

中国版本图书馆 CIP 数据核字 (2022) 第 113599 号

沥青路面养护策略分析

著	罗万洪
出 版 人	宛 霞
责任编辑	管思梦
封面设计	姜乐瑶
制 版	姜乐瑶
幅面尺寸	170mm×240mm 1/16
字 数	145 千字
页 数	136
印 张	8.5
印 数	1–1500 册
版 次	2022 年 8 月第 1 版
印 次	2023 年 3 月第 1 次印刷

出 版 吉林科学技术出版社
发 行 吉林科学技术出版社
地 址 长春市福祉大路 5788 号
邮 编 130118
发行部电话 / 传真 0431–81629529 81629530 81629531
81629532 81629533 81629534
储运部电话 0431–86059116
编辑部电话 0431–81629518
印 刷 三河市嵩川印刷有限公司

书 号 ISBN 978–7–5578–9419–1
定 价 45.00 元

前 言

PREFACE

由于我国各地自然环境、交通条件、筑路材料及施工设备差异很大，公路沥青路面出现的病害形式及原因也多种多样，加之近年来养护、维修及改造技术与观念的发展，如何经济、合理、有效地运用多种养护、维修与改造手段，保持沥青路面的优良使用性能是一个突出的问题。同时，因地区技术发展过程不同，在常用养护、维修与改造技术类型、具体技术标准方面存在差异，因此，及时总结和研发沥青路面养护、维修与改造技术对于公路沥青路面养护技术水平的提高具有十分重要的现实意义。

沥青路面在运营中受自然环境、荷载条件、结构组合、材料、施工工艺与技术水平等多种因素影响，会产生裂缝类、变形类、松散类等病害，且沥青路面病害呈现出明显的加速发展特征。在没有得到有效控制的情况下，轻则影响道路通行和服务水平，重则导致灾害性事故，造成重大的生命财产损失，同时也会导致国家资产的流失。因此，应十分重视沥青路面的养护、维修与改造，特别是预防性养护技术在沥青路面养护工程中的应用。

本书首先介绍了沥青路面养护的基本知识与病害类型、评定；然后详细阐述了沥青路面预防性养护技术及养护新技术，以适应沥青路面养护策略分析的发展现状和趋势。

由于写作时间紧且水平所限，错误之处在所难免，欢迎读者批评指正，以求改进。在此感谢！

目　录

CONTENTS

1

第一章 /

沥青路面养护基本知识

第一节　沥青路面的出现及其发展

人类远在公元前 3800—公元前 2500 年就开始使用沥青，先后在埃及的尼罗河、美索不达米亚的底格里斯河及幼发拉底河、巴基斯坦的编河等流域开发沥青矿藏并应用于日常生活中。约公元前 600 年，古巴比伦王国铺筑了人类历史上第一条沥青路面，但这种技艺不久便失传了。人类真正利用沥青筑路开始于 1712 年瑞士发现的岩沥青，之后在德国和法国分别发现了岩沥青。1850 年开始，法国首先将岩沥青用于道路路面，1854 年，法国人在巴黎修筑了薄层沥青路面，被视为热铺岩沥青路面的开始。1850 年以后，美国在法国、瑞士大量进口岩沥青，开始在东部地区铺筑沥青路面。1871 年，德斯门特在纽约市把砂、石灰石粉和特尼里特湖沥青用于铺路，施工方法获得专利，这可以被视为现代热铺沥青路面的开始。1872 年，在华盛顿市把岩沥青施工方法与用石灰石粉、砂掺加湖沥青以及石油残渣的施工方法进行比较，证明三者都能达到当时的交通要求。该段试验工程成为路面材料从岩沥青转为湖沥青、石油残渣铺筑路面的依据和开始。1900 年，美国又在石粉、砂、湖沥青中加入碎石，铺筑下层为粗级配沥青混凝土，上层为沥青砂两层摊铺一次碾压成型的沥青混凝土路面。1905 年，美国托皮卡市发明了沥青路面磨耗层，使沥青路面结构更趋完善。1920 年，出现了沥青路面最初的试验方法（哈－费方法）。1930 年，发明了沥青路面摊铺机。1934 年，开始修建高速公路，路面为沥青结构。从此，沥青路面成为现代沥青路面的主要类型。

我国沥青路面结构形式的发展变化与路面结构设计方法的发展基本是同步的。从中华人民共和国成立到现在，沥青路面结构形式的发展大致经历了四个阶段。

第一阶段是中华人民共和国成立初期到 20 世纪 50 年代末。以恢复原有的公路和加快建设一些干线公路，解决通车为特征，有代表性的路面结构形式为泥结碎石和级配砾石路面。

第二阶段是 20 世纪 60 年代至 80 年代初期。此阶段处于我国公路里程快速增长的时期。随着交通量的迅速增加，以改善路面行车质量、提高车速减轻养护为目标，渣油表面处治、沥青贯入、人工拌和沥青混凝土等路面材料逐步研究推广应用，机械拌和沥青混凝土技术初步应用。以石灰稳定土为基层的沥青路面结构形式大范围推广应用。

20 世纪 70 年代中期，我国公路等级低、交通量不大，最大交通量约为 5000 辆 1 昼夜解放牌汽车，一般属轻交通。经过援外工程的实践，特别是热拌沥青混合料的应用，石灰稳定土、泥灰结碎砾石及级配砂砾基层 + 较薄的沥青层（3 ~ 5cm）结构成为主要路面结构形式。

由于技术方面的原因，在当时修建一级、二级公路的过程中，出现了沥青路面"当年修当年坏""一年修二年坏"的情况，有的损坏面积超过 20%，不得不把原路面铲除，从处理路基开始重做路面，有的路面甚至尚未正式交付使用就进行彻底返修，当时把沥青路面的这种损坏定义为极早破坏，并且极早破坏现象比较普遍。主要损坏形式是路面变形较大、坑洞、网裂和沉陷较多，是结构整体承载能力不足的表现。

第三阶段是 20 世纪 80 年代初期至 21 世纪初。在改革开放政策的推动下，我国公路建设进入了新时期。本阶段的公路建设以提高路线和路面等级，改建和新建高等级公路，特别是高速公路为特征，以适应迅速增长的交通量的需求。由于国产沥青难以满足蓬勃发展的高速公路建设形势，大量依赖国外进口沥青，经济负担沉重，难以采用国外使用的柔性基层沥青路面。而半刚性材料具有较高的刚度和板体性，且造价低，原材料可以充分利用当地材料，材料来源广泛，成为修筑路面结构的主要基层材料。

第四阶段从 21 世纪初至今。这个阶段，我国经济连续几十年一直保持较高的增长速度，交通增长率远超出了预估水平，超载严重。以高速公路建设为特点的公路建设速度不断加快，半刚性基层沥青路面成为我国各级公路沥青路面的主要结构形式。

但从沥青路面使用状况来看，我国早期修筑的高等级公路沥青路面，由于多方面的原因，早期病害现象较为突出。《沥青路面设计规范》（JTG D50–2017）应该说是中国沥青路面设计方法的又一推进。尽管在理论计算体系上没有大的改变，但在交通荷载调整和分析、设计指标、材料计算参数、试验方法以及路基模量试验和取值上都有很大变化。

为了适应交通量增加、轴载变大的现代交通，保证沥青路面的服务水平与使用寿命，以长寿命为核心的设计理念逐渐形成，半刚性基层向刚性基层、柔性基层以及组合式基层的沥青路面过渡，全厚式路面、倒装结构沥青路面等也成功地铺筑了试验段并应用。为减少沥青路面早期水损害，透水沥青路面、沥青磨耗层等应运而生，多孔混凝土刚性基层、沥青处治排水基层及大粒径柔性排水基层等也在路面内部排水中起到积极作用，以应力吸收层为代表的沥青路面抗裂措施在防治半刚性基层或旧水泥混凝土路面加铺改造中得到了广泛应用；泡沫沥青、冷铺沥青混合料的研发与应用，推进了沥青路面节能减排工作的深入开展。SBS改性剂、温拌剂、高模量改性剂等材料的工程应用改善了沥青及沥青混合料的路用性能，提高了沥青路面的使用寿命。我国沥青路面正在朝耐久、低碳环保、功能与服务质量不断提高的方向快步前进。

第二节　沥青路面特性及主要病害

一、沥青路面路用特性

沥青路面是用沥青材料作结合料黏结矿料修筑面层与各类基层和垫层所组成的路面结构。由于沥青路面使用沥青结合料，因而增强了矿料间的黏结力，提高了混合料的强度，使路面的使用质量和耐久性都得到提高。与水泥混凝土路面相比，沥青路面具有表面无接缝、行车舒适、耐磨、振动小、噪声低、施工期短、养护维修简便、适宜于分期修建等优点，因而获得越来越广泛的应用。

车辆在沥青路面上行驶，除了要克服各种行驶阻力外，还会通过车轮把垂直力和水平力传给路面。此外，路面还受到车辆的振动力和冲击力作用，在车身后面还会产生真空吸力作用，在上述各种外力的综合作用下，沥青路面结构层内会产生大小不同的压应力、拉应力和剪应力。如果这些应力超过了沥青路面结构整体或某一组成部分的强度，路面就会出现断裂、沉陷、波浪、松散和磨损等病害。因此，沥青路面结构整体及其各组成部分必须通过养护来保持足够的强度，来承受在行车作用下所产生的各种外力。

沥青路面还应具有一定的抵抗变形的能力，即路面刚度。如果沥青路面结构整体或某一组成部分刚度不足，即使强度足够，在车轮荷载作用下也会产生过量的变形，而造成车辙、沉陷或波浪等破坏。沥青路面结构袒露于大气和自然环境之中，经常受到湿度和水分变化的影响，其力学性能也就随之不断发生变化，强度和刚度不稳定，路况也时好时坏。

沥青路面的平整度若达不到要求，会增大行车阻力，并使车辆产生附加的振动作用，它将造成行车颠簸，影响行车安全、驾驶平整和乘客舒适。同时，振动作用还会对路面施加冲击力，从而加剧沥青路面和车辆机件的损坏及轮胎的磨损并增大油耗。不平整的沥青路面还会积滞雨水，加速路面的破坏。沥青路面的平整度同整个路面结构和面层材料的强度及抗变形能力有关，强度和抗变形能力差的路面结构和面层混合料随着季节的变化影响，经不起车轮荷载的反复作用，极易出现沉陷、车辙和推移等破坏。

沥青路面表层直接承受着车轮的磨耗作用，经过一定的时间，路面表面的粗糙度将会降低，甚至被磨光，使车轮与路面之间的摩擦阻力大大降低。特别是在雨天高速行车、紧急制动、突然启动或爬坡、转弯时，车轮易产生空转或打滑，致使行车速度降低，油耗增加，甚至引起严重的交通事故。

沥青路面在使用过程中，还要承受行车荷载和冷热、干湿气候等因素的多次重复作用，由此会逐渐产生疲劳破坏和塑性变形积累。此外，沥青路面材料也可能由于老化衰变而导致破坏，缩短路面的使用年限。

根据上述沥青路面的使用特点，沥青路面养护工作的目的应该是：不间断地采取预防性养护和经常性的养护、修理措施，及时、经常地对路面进行保养和修理，保持沥青路面具有一定的强度、刚度及稳定性，以防止路面松散、裂缝和拥包等各种病害的产生和发展；通过对路面的保养和修理，保持和提高路面的平整度和抗滑能力，保持沥青路面路拱适度、排水畅通、行车顺适与安全，确保路面具有安全、舒适的行驶性能；通过对路面的修理和改善，保持沥青路面结构具有足够的抗疲劳强度以及抗老化变形的能力，以确保路面的耐久性；防止因路面损坏和养护操作污染沿线环境，并对原有路面有计划地进行改善，提高其技术状况，以适应公路运输发展的需要。

二、沥青路面的主要病害及成因

随着公路网络建设的不断完善，我国已经进入了"建养并重"时期。按照设计规范规定，二级以上沥青路面公路设计寿命都在 10 年以上，在其交付使用后，都需要进行日常性的和定期的维修养护。由于近年来我国公路建设速度非常快，早些年建设的大量公路已经相继进入维修养护期，这就必然带来养护工程量的增加。另外，许多公路建成后，交通量迅速增长，车辆大型化、超载严重、行驶渠道化等，使沥青路面受到了严峻的考验。许多沥青路面建成不久，就不能适应车辆通行的需要，发生了早期损坏，养护工程量越来越大，对养护技术的要求也越来越高。从许多工程实例看，沥青路面早期损坏现象主要有以下特征。

（一）高温车辙

车辙是指在沥青路面纵向或横向出现的永久性变形。由于车辙的出现，使得路面的平整度明显下降，直接影响了车辆的行驶速度和舒适性。车辙是我国公路沥青路面比较常见的病害，不仅发生在常年高温的南方地区，在我国年平均气温较低的北方地区也是多有发生。沥青路面的车辙主要有磨耗型车辙、结构性车辙、流动性车辙、压密性车辙四种类型。

在我国，由于基层基本上是半刚性材料，强度和刚度较高，不会产生塑性永久变形，沥青路面车辙基本上是由于沥青混合料面层的永久变形而导致的流动性车辙。车辙病害多发生在高温季节，特别是多发生在超载、重载车辆较多路段，以及长大纵坡爬坡路段。

（二）路面开裂

沥青路面建成后，不论基层是柔性的还是半刚性的，都会产生各种形式的裂缝。按路面开裂的主要原因，裂缝可分为三大类。

（1）由于行车荷载的作用而产生的结构性破坏裂缝，称为荷载裂缝。

（2）由于沥青面层温度变化而产生的温度裂缝，包括低温收缩裂缝和温度疲劳裂缝，统称为非荷载裂缝。

（3）由于填土固结沉陷或地基沉陷引起的桥涵两端的横向裂缝，或在路段上出现较长的纵缝，称为沉降裂缝。按照裂缝的表现形式，可分为横向裂缝、纵向裂缝、龟裂和块裂。在雨季及春融季节，大量的水从裂缝中渗入路面基层，会使路面的承载能力逐渐下降，从而又会造成路表面早期损坏。

（三）水损坏

在多雨地区的雨季或季节性冰冻地区的春融季节，路表面常常出现局部唧浆、松散、脱粒，最终导致出现大面积坑槽，这就是水损坏。若沥青面层混合料透水，这种病害就会普遍存在，成为路面最严重的早期损坏形式，使路面平整度明显变差，路面使用质量和服务水平显著降低。

（四）表面服务功能降低

如今，公路上的汽车驾乘人员对道路交通安全和舒适性的期望越来越高。作为表面服务功能良好的路面，必须要有很好的抗滑性能，在潮湿状态下行车没有水雾，没有眩光，噪声要小。许多沥青路面由于泛油、石料磨光，会引起表面服务功能降低，尤其是抗滑性能不足，恶性交通事故时有发生。

需要指出的是，这些破坏现象往往是在远未达到沥青路面设计年限以前发生的，并不是经反复荷载作用而产生的疲劳破坏。我国现行的沥青路面设计理论是建立在层状弹性体系理论基础之上，采用的是耐久性设计方法，主要依据车辆荷载的反复作用而发生结构层材料疲劳破坏这种原理确定路面的设计使用年限。而沥青路面的早期损坏，使路面设计失去了真正的意义。

面对这些问题，我国道路工作者以及相关部门在借鉴国外成功的养护技术与管理手段的基础上，也积极开展养护工作的研究与实践，将预防性养护理念逐步引入我国道路养护工作中来，并对国外预防性养护技术在国内应用的适用性进行了大量的论证，积极开展养护新技术、新材料、新工艺的研究与应用。

第三节　沥青路面预防性养护

美国初步提出的路面预防性养护概念，即为了防止路面早期破坏和延迟路面破坏的进程而采取的措施，其目的是延缓路面破坏，延长路面的使用寿命。其中，如何在合适路段选择合适的预防性养护措施和确定其实施时机是路面预防性养护的核心，也就是通常所说的"3R 原则"[指的是减量化（reducing）、再利用（reusing）和再循环（recycling）]。

对沥青路面进行预防性养护，如何选取养护时机显得尤为重要。实施预防性养护过早，易造成养护资金的浪费；实施预防性养护过晚，易错过了最佳养护时机，预防性养护的费用效益明显降低，预防性养护的价值没有得到充分体现。而正确实施预防性养护通常是以路面结构尚未破坏、路面服务功能恶化之前实施，这样才能做到效益费用比最大，充分实现了预防性养护的作用及意义。

选择好沥青路面预防性养护时机以后，应根据不同病害及资金状况等选择合适的预防性养护技术，从而延长沥青路面的使用寿命。国内外应用预防性养护技术根据材料和施工工艺概括起来分为裂缝填封、表面封层和薄层罩面三种类型。预防性养护技术实施中所用的养护材料以及施工工艺直接影响着养护质量。

第四节　预防性养护管理技术

一、公路预防性养护的概述

（一）预防性养护

公路的养护一般分为三类：第一类是预防性养护，是指在路面状况还非常好的状态下，对路面的养护采用必要的技术手段，保持路面的状态。这是一种有计划的养护。第二类是矫正性养护，是指路面在出现裂缝等问题时，根据情况采取相应的养护措施，比如每年的大中修计划对路面进行修复，改善整体的路况。第三类是紧急养护，是指在紧急状态下对路面进行养护。比如路面出现了凹陷等情况，为保障路面行车安全、正常，需要对路面出现的凹陷进行紧急处理。

预防性养护是许多国家在经过大量公路的重建后，结合以往的经验教训后提出的方案。具体情况就是指在合理的时间内，对于公路设施上尚未发生或者是刚刚出现的问题，采取强制性的保养措施，将公路的问题处理在萌芽的状态，减缓路况的恶化情况。预防性养护的主要核心在于防患未然，总体来说，就是抓好源头控制，进行提前处理，延缓大中修的期限。

（二）公路预防性养护的意义

1.降低养护成本

在此之前，公路的养护部门一般采取的是公路或者设施发生问题后对此进行处理，这是典型的"头痛医头、脚痛医脚"的养护手段。在公路养护行业内有一句俗话是"小洞不补，大了三尺五"，说的就是公路上出现了小问题，如果不及时进行治理，再经过车辆的压损后，这个问题就会越来越严重。而对比出现大问题时的养护，小问题的养护要容易得多，相应地，它的修复成本也要少得多。所以，做好公路预防性的养护能够降低养护的成本。

2. 可以延长公路使用寿命

预防性的养护主要是在公路及其设施在尚未发生破坏，或者是在刚刚出现小问题时就通过维修路面、整修路基、加固桥梁、疏通边沟、绿化路肩等综合性技术措施来进行强制性的养护，避免各种小问题的扩大，且能够延长公路的使用寿命。通过以往的道路养护经验，可以得知如果一条公路的使用寿命是 15 年，在最初使用的 10 年，功能下降不到 40%。而在这 10 年，就是预防性养护阶段，倘若在这个阶段公路不能够得到及时的养护，在后面的使用时间内，公路的性能就会很快受到影响，而且其使用的年限差距也会比较大。

3. 有利于防止公路受其他方面的影响

预防性的养护通常是能够将公路的问题与安全隐患消灭在尚未发生之时，这就是保养公路的一个重要的方法。在公路养护实践中，还有很多这样的正反事例。某一条公路有一处挡水墙，最开始被水冲开一个小洞之后，因为没有及时进行修补，结果在下一次的涨水时，挡水墙被全部冲垮，甚至冲毁了大片路基。而在另外一个地方的路基发生小面积的塌方，公路养护单位在找到了塌方的原因之后，采取了截水沟这种方式来进行预防，此后该段公路经历过各种大暴雨都没有再发生过类似的塌方事故。许多这样的事例都证明，预防性的养护是能够防止公路出现其他问题的，是消除安全隐患的最好方法。

4. 提高公路通行能力

传统的公路养护模式都是坏了后再维修。因为公路出现了问题，所以在维修时车辆的通行肯定会受到一定的影响，同时在进行维修时又需要一定的时间，而且因为问题比较大，施工的工艺就会相应复杂，导致通行的车辆受到限制。而预防性的养护采取的是提前防范，因为问题比较小，所以施工程序比较简单，对于交通的影响都不会很大，所以可以说，预防性的养护能够保证车辆的正常通行。

二、公路预防性养护措施

（一）公路路基的预防性养护

许多公路路基在建设过程当中，因为受到不同环境和不同因素的影响，建设的质量难以达到要求，这样就会导致一些路基出现隐患。在通车之后，随着时间的推移、车辆的重力碾压会导致路面产生变形，倘若变形加大，车辆颠簸的冲击力就会更大，从而也会更快地加速路面的破坏。而进行路基预防性的养护，在最初的设计和建设时就应该采取相应的措施，比如在设计时要考虑好路基的地下水位、土质、降雨量以及强度等对路基的影响；建设的时候，要确保路基施工的质量能够达到设计的标准；在建成后，要正视路基会遇到的水害问题，保证路基排水通畅，保持路基的整体稳定性。

（二）路面的预防性

路面是整个道路的重点，路面的养护情况与公路的使用寿命及服务质量紧密相关，所以对于路面的养护是整体养护工作的重点。对于不同阶段的路面有不同的养护要求，在进行路面养护时需要重视路面排水的情况，对于路面的坑洞及裂缝要进行及时的修补，防止地表的水渗入基层。而对于已渗入基层的积水，需要开设路肩的盲沟进行排水工作。路面的养护需要从日常的养护着手，对于路面发生的渗透水、灌缝料开裂、沥青松散、麻面等情况，在发生问题时就应该及时地进行相应的处理，保障路面的整体质量。

（三）排水设施的预防性养护

公路的排水设施是非常重要的。在预防性养护当中，需要做到的就是要经常清理排水沟，清理各处涵洞及泄水口，对于公路边的河床，也要进行清理和疏导，保证水流畅通，避免危害到公路。大雨天气也必须要到公路上进行巡查，发现有排水沟不畅通的情况，要及时地进行疏通。雨后需要对公路进行检查疏通，加大对桥梁涵洞的检查，发现有问题就需要进行及时的维修与加固，保障公路的正常运行。

（四）季节性的预防性养护

在寒冷的冬季，需要注意路面的排水以及冷冻结冰的情况。发现相应的问题要及时进行处理，确保整体路面的干燥状态，避免路面因为寒冷发生冻胀。到了春季后，对于路面发生冻胀破坏的情况要紧急进行维修。夏季雨水多要注意防水工作，秋季的时候需要做好公路沿线边排水沟的疏导工作，避免积水，同时避免遇到天冷的时候积水冷冻结冰影响公路的整体状态。

三、公路预防性养护的重点注意事项

在日常工作中，无论是什么季节，只要发现路面有问题就必须要加强巡查。巡查的工作人员需要根据巡查的规定要求，提高自身的专业素质和技术水平，在雨天和夜间要多加注意公路相应的情况，并且做好相应的记录；对于路基、路面、涵洞、桥梁、边沟等情况都要多加关注，在雨水季节时，需要对这些关注点加强巡防、巡查，倘若出现有安全隐患，及时设置安全标志，提醒公路上的行车安全。公路养护单位也需要加大宣传力度，要求全民都来参与公路的养护，不做破坏公路的事情，重视公路的养护，共同为公路预防性养护出一份力。

第五节　沥青路面养护维修及再生利用

具有良好服务性的沥青路面是行车安全与舒适的保证。及时对沥青路面出现的病害进行养护维修，不仅可以延长沥青路面的使用寿命，还能够保证车辆行驶畅通，减少对经济效益及社会效益的不良影响。沥青路面常见病害可分为四类：裂缝类、松散类、变形类及其他类。这些常见病害维修处治措施有的属于小修保养，有的属于中修，也有的属于专项工程。

对于松散类病害的处理主要根据病害严重情况，选择不同养护维修措施。根据维修工艺和维修设备的不同，沥青混凝土路面坑槽维修主要分为填料式坑槽修补、挖补式坑槽修补、热烘式坑槽修补和喷射式坑槽修补四类维修方式。常用的坑槽修补材料主要有热拌沥青混合料、冷补沥青混合料、喷补料和沥青混凝土预制块四类。其中最为常用的是热拌沥青混合料，其次是冷补沥青混合料。虽然喷补料也属于冷补沥青混合料，但两种施工工艺不同。喷补料需要专门的喷补设备同步喷射入坑槽中，正是由于该原因加之修补质量难于控制，尚未在我国大面积推广使用。对影响表面功能性的松散主要采用雾封层、稀浆封层等预防性养护技术。

对于裂缝类病害，现在的处理方法主要是根据破坏程度、破坏类型等选择不

同的处治措施。对于轻微裂缝主要采用沥青灌缝方法，对裂缝宽度较大且裂缝形式为线形的路段，则是在裂缝处开槽清理杂物后进行填缝；对于大面积不规则裂缝主要采用稀浆封层、罩面、加热修补、再生法、铣刨机铣刨以后重铺等技术。

　　对于出现车辙的路面，必须查明原因，分清是失稳型车辙还是非失稳型车辙，进而采取相应的处治措施。对于非失稳型车辙（深度小于 25mm 的中轻度车辙），可采用稀浆封层、微表处、超薄磨耗层及同步碎石封层等措施来修补；而对于失稳型车辙（深度大于 25mm 的严重车辙），需要查明成因与产生车辙的部位，在铣刨失稳的结构层后，采用同步碎石封层等方法进行治理。由于高速公路沥青路面车辙病害分布范围广，不同位置处的车辙深度不同，从而需要采取不同的修复方案。常用的车辙处置方法有四种：铣刨换填法、稀浆封层填补法（如图1-1 所示）、微表处法和同步碎石封层法（如图1-2 所示）。

(a)　　　　　　　　　　　　　　　　　　(b)

(c)

图1-1　文山市稀浆封层填补法处治沥青路面龟网裂现场施工处理示意图

(a)

(b)

(c)

图 1-2　文山市同步碎石封层法现场施工示意图

　　我国在改革开放后修筑了大量的沥青路面，现在很多路面已进入了维修或改建期，而我国的优质路用沥青又相对贫乏，所以对沥青路面再生利用技术的更深入研究必将对我国交通事业的发展产生积极深远的影响。沥青路面再生利用技术是将需要翻修或者废弃的旧沥青路面，经过翻挖、回收、破碎、筛分、再和新集料、新沥青、再生剂等适当配合，重新拌和，形成具有一定路用性能的再生沥青混合料，用于铺筑路面面层或基层的整套工艺技术。再生旧沥青混合料的主要目的是在技术上能正确将其作为二次原料使用，即作为修筑路面基层和面层材料的辅助来源。因此，旧沥青路面再生能够节约大量的沥青和砂石材料，节省工程投资，同时有利于处治废料，节省能源，保护环境，因而具有显著的经济效益、社会效益和环境效益。

2

第二章 /

沥青路面病害类型与状况评定

第一节　沥青路面病害类型

一、裂缝

无论是高等级公路还是低等级公路，裂缝是沥青路面最常见的病害。按其成因可分为荷载型裂缝和非荷载型裂缝两类；按其形式分则有纵向裂缝、横向裂缝、网状裂缝三种。这些裂缝的形式不同，产生的原因也不同，对路面使用寿命和使用性能的影响也不同。

1. 横向裂缝

横向裂缝指与行车方向近似垂直，有时伴有少量支缝的裂缝。横向裂缝示意图，如图 2-1 所示。其成因有以下三个方面。

图 2-1　横向裂缝示意图

（1）沥青面层的低温收缩开裂，或基层低温缩裂或干缩引起的反射裂缝。由沥青面层温缩产生的裂缝或基层收缩产生的反射裂缝的特点是裂缝间距 7 ~ 8m（或更长）不等，裂缝间距大致相等，是北方地区半刚性基层沥青路面常见的裂缝形式。当冬季气温下降时，沥青面层产生收缩，而由于路面几何形状和尺寸的关系，收缩的主轴为路线的纵向，因此形成的裂缝一般都是与路中线垂直的横缝。在南方地区，若半刚性基层配合比设计不当，如二灰、石灰土、多渣等基层混合料中的碎（砾）石集料少、细料多，或养护不及时，在沥青路面上也会产生基层反射裂缝。土基干缩或冻缩，以及半刚性基层温缩或干缩引起路面的反射裂缝，一般也以横缝居多。

（2）山区公路纵向填挖结合部的填方和挖方路基压实度不均匀沉降引起的横向裂缝。

（3）由于路面结构设计不当或施工质量差，或者由于重载车辆作用，使沥青面层或半刚性基层内产生的拉应力超过其疲劳强度而断裂形成的横向裂缝，这类裂缝又叫荷载型裂缝。

横向裂缝对路面使用寿命的影响主要表现在两个方面：首先，由于裂缝的存在，地面水（大气降雨和雪）从裂缝中渗入路面及基层、路基，使基层、路基软化，路面承载能力下降；其次，裂缝改变了路面的整体性，成为路面缺陷，使路面沿着裂缝缺陷加速破坏，在车辆荷载作用下，从单条裂缝发展成为树状裂缝，最终导致路面破坏。

2. 纵向裂缝

纵向裂缝指走向大致平行或沿着行车方向的路面裂缝。产生的原因主要是路基压实度不均匀引起的不均匀沉降裂缝；或渠化交通条件下沥青面层和基层在车辆荷载作用下沿纵向轮迹产生的纵向开裂。纵向裂缝示意图，如图 2-2 所示。

图 2-2　纵向裂缝示意图

纵向裂缝产生的具体原因有以下几个方面。

（1）由于填方路基边缘受水侵蚀，使边坡下沉产生不均匀沉陷引起路面纵向开裂。

（2）在山区公路横向半填半挖路基的填挖结合部位，路基压实度不均匀引起的沉降，以及路基拓宽时新老土基结合部压实度不均匀产生的不均匀沉降，引起路面纵向开裂。

（3）在挡墙地段，由于墙背填土压实不足，使其与后部路基产生不均匀沉降引起路面纵向开裂。

（4）在高填方路段，路基压实不均匀，路基边坡滑移、原地面软基沉降等引起的纵向裂缝。路基沉降引起的纵向裂缝有较明显的错位。

（5）沥青面层分幅摊铺施工时，两幅接茬未处理好或碾压不够紧密，在行车荷载作用下形成纵缝，其形态特征长而直。此外，在高速公路的行车道车辙中心或边缘也会产生纵向裂缝，车辙部位的这种纵向裂缝属于荷载型裂缝。

3. 网状裂缝（龟裂）

网状裂缝（龟裂）指相互交错将路面分割成多边形小块的裂缝。网裂是缝宽 1 cm 以上或缝距 40 cm 以下，面积在 $1m^2$ 以上的网状裂缝；缝宽 3 mm 以上，且多数缝距 10 cm 以内，面积 $1m^2$ 以上的块状不规则裂缝称为龟裂。网状裂缝一般都属于荷载型裂缝，主要由路面的整体强度不足或路面交通量过大而引起的路面结构的疲劳破坏。网状裂缝（龟裂）示意图，如图 2-3 所示。

图 2-3 网状裂缝（龟裂）示意图

网状裂缝（龟裂）产生的原因有以下六个方面。

（1）施工质量差，路基路面压实度不足，使沥青面层或基层的强度不足，在车辆荷载作用下产生疲劳破坏。

（2）交通量增长快，重车多，路面结构设计不合理，厚度偏薄，不能满足交通量增长的需要，使路面产生疲劳破坏，形成块状网裂。

（3）沥青质量差，路面材料配比不当或未拌和均匀，特别是拌和加热过程中沥青老化，导致沥青路面使用不久即产生网状裂缝。

（4）路面出现横向或纵向裂缝后未及时封填，水分渗入下层，致使单条裂缝进一步发展成网状裂缝。尤其在冰冻降雪地区，融雪期间的冻融交加，将加剧路面的破损。

（5）路基强度低，压实度不足或湿软弹簧土未作处理，使路面结构局部承载力不足引起路面开裂，这种网状裂缝一般是局部的。

（6）在路面使用后期，沥青老化变脆，路面结构已达到使用寿命，在车辆的反复作用下路面将出现大量的网状裂缝。

二、松散和剥落

剥落是沥青薄膜从集料上剥离的现象。沥青混合料失去黏结力，集料松动，离散面积在 $0.1m^2$ 以上，深度不超出 2 cm 的路面破坏现象称为松散。沥青面层松散和剥落病害产生的主要原因是沥青与集料间的黏结力差。路面松散的示意图如图 2-4 所示。

图 2-4　路面松散示意图

松散和剥落产生的具体原因有以下六种。

（1）混合料油石比不合理，沥青用量偏少，使用的沥青稠度偏低，与矿料的黏附力不足，导致沥青路面的松散和剥落。

（2）混合料摊铺施工过程中产生离析，混合料空隙率过大，细料少，使路面局部黏结力低，从而导致松散。

（3）沥青加热温度过高，使其老化而失去黏性，特别是保温储存时间较长的混合料，容易产生由于沥青老化引起的松散。

（4）沥青路面使用年限较长，沥青老化剥落引起松散。

（5）在气温较低的季节施工，沥青裹覆矿料能力差，压实温度低，混合料空隙大等，导致沥青路面发生松散。

（6）水损坏的作用。由于沥青与集料的黏结力较低，在水的作用下，使沥青膜从集料表面剥落，导致路面结构层松散，松散部位受到车辆荷载作用，松散的材料被带走后形成坑槽。

三、坑槽

路面破坏，混合料散失，在路面上形成深度大于 2 cm，面积在 0.04 m² 以上的明显深洼，称为坑槽。沥青路面的坑槽形成过程为：起初为局部龟裂，松散，在行车荷载和雨水等因素反复作用下，混合料脱落散失，在路表面形成坑洼；随着散失的沥青混合料增多，深度逐渐增加，最终发育成坑槽。坑槽示意图，如图2-5 所示。

图 2-5　坑槽示意图

产生坑槽的原因主要有以下三个方面。

（1）压实不足。产生沥青路面压实不足有两种情况：一是施工时混合料温度太高，使沥青老化，黏结力降低，脆性增加，导致压实不够，黏结不牢，在行车载荷作用下，路面松散，集料散失而形成坑槽；二是混合料摊铺压实温度太低，压实不充分，空隙太大，导致路面渗水，沥青膜剥落，集料松散、剥落形成坑槽。

（2）基层不平整，路面厚度不均匀。局部路面厚度太薄，强度低，在行车载荷作用下，部分混合料易被"带走"，形成坑槽。

（3）水损坏引起的坑槽。水损坏是沥青混凝土路面较常见的早期病害。引起沥青路面水损坏坑槽的原因主要有以下几种：沥青混合料碾压不密实，摊铺施工过程中的离析、空隙率过大，沥青混合料的级配设计不合理，沥青与碎石集料的黏结力较低，未使用抗剥落剂，不利的气候条件（如夏季长时间降雨、冬季过后春融）等。在这些原因中，空隙率大、水分的侵入是产生水损坏的根本原因。形成水损害坑槽的过程：首先，水分通过空隙侵入沥青混合料，使空隙中充满水，部分水以自由水的形式存在于空隙中，而部分水则以水膜或水汽形式存在并通过沥青膜的缺陷侵入沥青与集料的界面，影响沥青与集料的黏附性；在车辆荷载的反复作用下，空隙中的水分产生反复高压和负压，沥青膜与集料界面在反复荷载及高压和负压作用下开始剥落，使混合料失去黏结力；随着沥青膜剥落，集料间的黏结力下降，路面逐渐松散，开始出现麻面、松散、掉粒；当松散、掉粒达到一定量后，在路面上形成坑槽。在面层松散、掉粒的过程中，渗入沥青面层的水分不断增多，并进一步渗入下面层和基层，在荷载和水压的反复作用下，使基层松散、唧浆，并从路面的缝隙中向上涌出来，在沥青路面上形成白色唧浆，最后形成更深、更大的水损坏坑槽。

四、车辙

车辙是沥青路面在车辆荷载的反复作用下，沥青面层路基与基层的塑性变形积累在路面上形成的沿行车轮迹的纵向带状凹槽变形。车辙是沥青路面的主要病害形式之一，多发生在渠化交通的高等级公路和城市道路上。当车辙达到一定深度时，将影响车速和行车的舒适性及安全性。降雨时，在槽内形成积水，极易发生汽车飘滑而导致交通事故。车辙示意图，如图 2-6 所示。

图 2-6　车辙示意图

沥青路面的车辙来自沥青面层、基层和路基三部分。三者所占的比例与路面结构形式、结构层材料、厚度和施工质量相关。引起沥青路面产生车辙的原因较多，归纳起来主要有以下七个方面。

（一）沥青混合料组成材料的性能

沥青混合料是弹塑性材料，其强度由沥青的黏结力和矿料间的摩阻力构成。沥青路面混合料的塑性变形是车辙变形的主要来源，所有影响沥青混合料抗剪强度的因素都会对沥青路面的抗车辙能力产生影响。这些因素包括以下几个方面。

1. 沥青

车辙与沥青的黏度直接相关，沥青的针入度越大，混合料的黏结力越小，强度越低，抗车辙能力越差。采用低黏度、低软化点、含蜡量高的沥青，其沥青路面高温稳定性差，在渠化交通条件下容易产生车辙。因此，为减小沥青路面车辙，应采用低针入度、高黏度、高软化点、低含蜡量的沥青。

2. 集料

集料的颗粒形状和表面纹理深度影响沥青与矿料的黏结和混合料的内摩阻力。采用形状接近立方体、扁平长条颗粒较少的集料的沥青混合料具有较高的内摩阻力，因而具有较高的抗剪强度和抗车辙能力。在集料中掺加砾石因其缺乏棱角而易变形，不利于抵抗车辙。因此，为增加沥青路面的抗车辙能力，应选用表面粗糙、嵌挤作用好、与沥青黏结能力强的集料。当采用酸性集料时，必须添加抗剥落剂。

3. 混合料的级配

集料中各种粒径碎石的含量不同，沥青混合料的内摩阻力不同，其抗车辙能力也不同。在混合料中，4.75 mm 以上的碎石含量对混合料的内摩阻角影响显著，碎石含量越高，内摩阻角和抗剪强度越大，混合料的抗车辙能力越强。因此在级配设计中应使 4.75 mm 以上的碎石含量达到一定的比例，以提高沥青混合料的抗车辙能力。此外，混合料的空隙率对车辙的影响也很大。若沥青混合料的空隙率小，自由沥青增多，混合料的内摩阻力下降，容易产生车辙。为保证沥青混合料具有足够的高温稳定性，必须进行合理的级配设计，尽量兼顾抗车辙的高温稳定性和抗水损坏两方面的性能。

（二）路面结构

路面结构对沥青路面车辙的影响主要是，结构厚度和不同级配沥青混合料的组合。一般来说，要求沥青路面厚度既要有足够的承载能力，又应有较好的抗车辙能力。但是在超过某一厚度后，沥青面层越厚，车辙越严重。根据沥青面层车辙的来源，中下面层采用抗车辙性能较好的沥青混合料的结构组合有利于减小沥青路面的车辙。

（三）基层和垫层结构与材料

一般情况下，质量合格的半刚性基层不会产生明显的永久塑性变形，但是当路面结构中采用级配砂砾、级配碎石垫层材料时，由于这些材料本身的性质，在运营过程中会产生压缩变形累积，成为车辙的一部分。特别是在压实不足或厚度较大的情况下，更容易产生车辙而反映到面层上，形成面层上的车辙，严重时，甚至引起沥青面层的网裂破坏。

（四）土基

路基土是一种弹塑性体，在车辆荷载的反复作用下将产生塑性变形积累。对于压实不足的路基，除了产生不均匀沉降裂缝外，在重车较多的渠化交通道路上还会产生路基的塑性压缩变形积累。这种变形积累发展到一定程度后将形成车辙，反映到路面上，成为表面车辙的一部分。

（五）交通条件

交通条件包括交通组成和交通组织形式。一般情况下，重型车、超载车辆多的道路以及纵坡较大的山区公路上，车辆行驶速度慢，渠化现象严重，轴荷载重，轮胎压力增加，使沥青混合料承受较大的压应力和较大的塑性变形，容易产生车辙；在相同路面结构条件下，高速公路、一级公路等渠化交通的道路沥青路面比非渠化交通道路的沥青路面更容易产生车辙。

（六）气候条件

车辙是沥青路面高温稳定性不足的结果。沥青路面是弹黏塑性材料，其弹黏塑性性能随温度的变化而变化。低温条件下呈弹性，在气温较高时，沥青混合料的抗剪强度大幅下降，沥青处于黏塑性状态，在行车荷载反复作用下将产生较大的塑性变形，甚至侧向推移，产生严重车辙。因此在气温较高的季节，沥青路面更容易产生车辙。

（七）施工

在沥青路面施工过程中，压实不足、混合料的各粒径材料计量不准、级配达不到设计要求，油石比过大、空隙率未控制在规范要求范围内等施工因素的影响，使施工的沥青路面高温稳定性达不到设计要求，在运营初期即产生车辙。此外，当级配碎石、砂砾等非整体性基层材料和土基施工时压实度不足时，在车辆荷载反复作用下容易产生塑性变形积累，形成路面车辙。

五、沉陷

沉陷是由路基产生竖向位移而导致路面下沉的现象，通常有均匀沉陷、不均匀沉陷、局部较大面积沉陷三种。

（1）均匀沉陷：路基、路面在自然因素和车辆载荷作用下达到进一步密实、稳定而导致的沉陷，这种沉陷不会引起路面的破坏。

（2）不均匀沉陷：路基压实不足或基层的强度和压实度不足，引起路基路面的不均匀沉陷变形。

（3）局部大面积沉陷：由于路基、路面压实不均匀、不密实，当受到水的浸透或车辆荷载反复作用时而引起的局部变形。行车道轮迹下较深的局部沉陷是由于路面出现裂缝未及时封堵、雨水下渗后在行车轮胎的强力"泵吸"作用下半刚性基层的灰浆被吸出，导致基层松散，沥青层破坏而下陷。如高填方地段均匀沉降或局部滑移而引起的大面积沉陷；桥台台背填土碾压时压路机施工困难，碾压密实度不够引起的路面沉陷（严重时会形成桥头跳车现象）。沉陷处理前后效果对比示意图如图 2-7、图 2-8 所示。

（a）处理前　　　　　　　　　　　　　　　　　（b）处理后

图 2-7　文山市沉陷处理前后效果对比示意图

（a）处理前　　　　　　　　　　　　　　　　　（b）处理后

图 2-8　文山市沉陷处理前后效果对比示意图

六、拥包、波浪

拥包是指路面材料沿行车方向出现较大的竖向位移。产生拥包的主要原因是，沥青路面的高温稳定性差而引起的剪切变形。沥青面层中沥青含量偏高，黏度和软化点偏低，矿料级配不良，细料偏多，空隙率太低；或因基层含水率过大，水分难以蒸发而滞留于基层表面，或基层浮土清扫不净、黏层沥青洒布不合要求等车辆载荷原因影响面层与基层之间的结合，使层间抗剪强度不足，在车辆载荷水平力作用下产生推拥、挤压而在路面两侧或行车道范围内形成不规则的隆起变形。拥包示意图如图 2-9 所示。

波浪是路面表面沿纵向形成有规则的凹凸起伏的一种变形。波浪的产生，一是由于拥包未能及时处治，在行车作用下逐渐演变发展所形成；二是在层铺法施工的路面中，由于沥青洒布不匀形成油垄，沥青多的部位矿料厚，沥青少的部位矿料薄，经车辆不断冲压、振动使其发展为大的波浪变形。波浪示意图如图 2-10 所示。

图 2-9　拥包示意图

图 2-10　波浪示意图

七、泛油、滑溜

泛油是指沥青溢出路面形成局部黑而光亮的斑面。产生泛油的主要原因是沥青面层的沥青用量过大、稠度太低或热稳性差等。但有时也可能由于低温季节施工，层铺法施工的沥青路面嵌缝料散失过多，在气温转暖后，在车辆载荷作用下，多余沥青溢至表面而形成泛油。泛油使路面在行车时产生轮迹和黏轮现象，使路面抗滑性能下降，严重时会影响行车安全和周围环境。泛油示意图如图 2-11 所示。

图 2-11　泛油示意图

　　滑溜是车辆载荷作用下沥青路面表层矿料被磨光或泛油形成的光滑路表面，车辆在上面行驶时由于摩擦力小而发生行车滑移的现象。产生滑溜路表面的原因是路面集料的抗磨性能差，在车辆荷载作用下被磨光，沥青混合料的级配太细，表面构造深度小；用油量偏大泛油也容易形成滑溜的路表面。

八、啃边

　　啃边是指路面边缘开裂破坏、材料散失的现象。产生啃边的原因包括路面宽度过窄、边缘强度和厚度不足、路肩碾压不密实、路肩和路面衔接不当以致路肩积水渗入使其湿软，以及养护管理不善等。啃边病害多发生在贯入式、表面处治等次高级沥青路面上。啃边病害若不及时处治，将可能逐步向路中发展，影响路面的使用寿命和行车安全舒适性。

九、修补损坏

修补损坏是指在修补的补块中又产生新的坑洞的破坏现象。产生修补损坏的主要原因是水。与周边旧的沥青混凝土相比，由于未经车辆的压实，修补块沥青混凝土的空隙率较大，容易透水；同时，修补坑周边的接缝也成为天然的渗水部位，这使得修补块具有较大的渗水量。在修补前，为增强新旧沥青混凝土间的连接，在坑的周边和底部涂刷沥青，使得这些下渗的水滞留在修补坑内而难以渗流出去。修补块在车辆荷载的反复作用下，滞留在修补块内的水对沥青混凝土产生反复泵吸作用及强大的水压力作用而使沥青混凝土碎石间的连接力，以及沥青与集料间的黏结力和修补沥青层与下层的黏结力降低，直至使沥青混凝土松散、剥落，在新补块中形成新的破坏坑洞。在有些修补设计中，为减小补块周边接缝的水下渗，在修补块周边加了贴缝条。但由于贴缝条不能规则地安装和把新旧沥青路面结合部紧密连接，其不能有效阻止接缝部位的水下渗，甚至不合理的安装还会增大接缝处的渗水空隙，增加渗水量，因此一般尽量不要使用贴缝条，而可以采用沿补块周边灌入热沥青或乳化沥青的方法减小周边水下渗。因此，为避免修补块的破坏，应采用空隙率较小的沥青混凝土；同时，加强压实，加强周边防水。

综上所述，不同等级道路的路面结构、交通组织方式和交通组成的不同以及道路所处地形、气候环境条件的不同，上述各种病害形式及产生的原因也不尽相同，不同等级道路的路面病害形式又各有侧重和特点。高速公路、一级公路由于渠化交通特点，沥青路面最为普遍的变形病害是车辙。但在一般二级及以下等级公路的沥青路面，车辙并不是常见的变形破损病害。在采用表处、贯入式，沥青碎石等沥青路面结构形式的一般公路中，沥青洒布不均匀，沥青面层的强度形成需要较高的气温条件和一定的行车碾压，施工质量不易控制，容易产生泛油、推挤、拥包、松散、麻面等类型的病害，而高速公路中这类型的病害相对较少。高速公路沥青路面的坑槽主要是由施工过程中混合料级配离析或温度离析使沥青路面局部空隙率过大引起的水损坏，而其他公路沥青路面的坑槽则主要来自沥青洒布不均、沥青用量不够引起的松散、麻面病害的进一步发展所致。在多雨地区，水是引起沥青路面破坏的主要因素，而干旱地区更多的病害则可能是泛油、拥包等。在养护维修调查和设计中应根据道路所处条件，具体问题具体分析，使养护维修决策方法针对性强，达到好的效果。

第二节　沥青路面使用状况的调查与评定

一、沥青路面技术状况调查的内容

沥青路面技术状况调查主要包括路面破损状况、路面结构强度、路面平整度、路面抗滑能力四项内容。根据需要还可增加对桥面结构与病害调查以及桥头、通道两侧和涵洞的不均匀沉降的调查及排水调查等。

沥青路面各种病害受气候和环境条件的影响较大。为使调查结果能较真实地反映路面的病害状况，调查时间宜选择在产生各种病害的最不利季节进行。例如，对于强度不足或疲劳引起的荷载型裂缝（龟裂），宜在春季或雨季最不利季节之后进行；对于因温度收缩等引起的非荷载型裂缝（块裂及横向裂缝）宜在冬季调查；对车辙、拥包，波浪等热稳性变形宜在夏季观测；对松散类破损宜在雨季观测。对于不在最不利季节进行的调查，在评价分析时应予以系数修正。

根据沥青路面调查目的和调查资料的用途，沥青路面技术状况调查可以分为以下三种。

（1）路网级水平的路面技术状况调查。为公路管理部门的资金分配提供决策依据。

（2）为日常养护维修进行的调查。

（3）项目级水平的路面技术状况调查。为某一项目大中修或改建方案决策提供依据。调查目的不同，调查内容和深度也不一样。

二、沥青路面技术状况调查的方法

路面破损病害系由车辆荷载、环境（温度和湿度）、材料、结构和构造等多方面因素单独或综合作用的结果，是路面结构物理、力学状况和承载能力的外观反映。它们的表现形态不同，对路面使用性能的影响不同。通过对路面破坏病害类型及严重程度的调查评价，可以判断路面结构对交通量的适应能力，从而选择合适的养护修复对策。

（一）沥青路面各类型破损病害的轻重程度描述与分级

沥青路面的各种变形破损病害都有发生、发展和恶化的过程，不同类型病害在各自发展阶段的严重程度不同，对路面使用性能与使用寿命的影响也不同。为了在路面技术状况评价中客观地反映和评价不同病害及严重程度对路面使用性能的影响，科学、合理地做出路面的养护维修对策，需要对不同的破损病害的严重程度进行分级。

为便于破损病害状况调查记录和统计，对各种不同严重程度病害进行定量分析和评价，需要对在调查路段范围内出现的各种损坏数量，按损坏特征的不同，采用长度或面积计量。

（二）沥青路面病害调查方法

路面破损病害调查是路面技术状况调查的重要内容，工作量大，调查质量对路面状况评价结果和养护维修方法的选择有重要影响。因此，病害调查通常采用人工徒步调查的方法进行，即调查小组沿线步行，目测鉴别调查路段内出现的破损病害类型和轻重程度，简单丈量损坏长度或面积，现场测量、现场记录。操作要点如下。

（1）仔细查看路面上存在的损坏状况，正确区分病害类型和严重程度，丈量其损坏面积，按病害类型及其严重程度，记入沥青路面损坏情况调查表，准确至平方米。不规则形状的损坏面积计算时先按当量面积计算，然后根据破损程度乘上系数确定。调查评价段按 1000 m 设定，也可以视路面破损和病害情况确定调查单元划分长度。每张表为一个调查路段单元的实测记录。

（2）对于各种单条裂缝，其损坏面积按裂缝长度乘 0.2 m 计算。

（3）车辙的损坏面积按车辙的长度乘 0.4 m 计算。

（4）对于车辙、拥包、波浪、坑槽、沉陷等类损坏的严重程度，可用 3 m 直尺测其最大垂直变形值来确定。

（5）调查结果应按路段汇总，填入沥青路面损坏情况总表，每一行为一个路段的合计记录。路段长度宜采用1000 m，以整千米桩号为起讫点，并考虑以公路交叉及行政区分界为分段点。

参与数据采集人员必须严肃认真，有较丰富的路面养护实践经验，熟悉路面病害类型，以确保数据真实、可靠。

（三）调查内容

1. 路面结构强度调查

路表面弯沉是路面整体结构强度的反映。我国沥青路面结构设计指标是标准轴载作用下的路面回弹弯沉，因此，路面结构强度调查的方法是用贝克曼梁弯沉仪、落锤式弯沉仪或自动弯沉仪等测试路表面弯沉。其中，贝克曼梁弯沉仪的应用最为广泛，是我国弯沉测试的标准方法。当采用除贝克曼梁弯沉仪以外的其他仪器（如落锤式弯沉仪）进行弯沉测试时，应建立与贝克曼梁弯沉仪测定结果的对应关系，以便于测试结果的分析评价。

为了全面调查分析和评价沥青路面结构强度及剩余使用寿命，除路表弯沉测试外，还应对路面进行钻芯取样和样品试验，测定路面各结构层的厚度、各层材料的回弹模量及路基含水率等，为综合评价路面结构强度和影响路面使用性能因素提供依据。

2. 平整度调查

路面平整度测试方法有三米直尺法、八轮平整度仪法、颠簸累计仪法和激光断面仪法等。路网的全面调查宜采用车载式检测设备快速检测；小范围的抽样调查或项目设计可采用连续式平整度仪或三米直尺检测。

路面平整度的调查指标为国际平整度指数，由于不同测试方法的评价指标不一样，因此各种方法的测定结果应建立与国际平整度指数之间的对应关系。

3. 抗滑性能调查

沥青路面抗滑性能采用抗滑系数作为评价指标，并以横向力系数和摆式仪的摆值表示。调查测试设备与混凝土路面相同。

4. 其他调查

（1）交通量调查：通过调查交通量，了解道路的平均双向日交通量、交通组成和交通量增长率等。当调查路段有现成的交通量观测数据时，可直接采用；如交通量观测数据不能满足要求时，可用以下方法补测：用人工或仪器将通过规定观测断面的各种类型车辆分车型记录在表格或计数器上，每小时终了，将记录结果整理并登记在规定的表格上。高速公路的交通量观测可结合收费站或监控设施实施观测。

（2）原有路面结构设计参数与施工资料调查：了解路基和路面宽度、路线纵坡、路面横坡、平曲线半径等设计指标。

（3）养护维修情况调查：收集养护技术资料及从使用开始到改建的年限、使用效果等。

（4）路基水温状况调查：路表面排水（积水）状况、积雪（砂）状况等，各种排水设施的运行情况等。

三、沥青路面使用技术状况评价方法

（一）破损状况评价

沥青路面破损状况采用路面状况指数进行评价，计算公式如式（2-1）所示。

$$PCI=100-15 \times DR^{0.412} \hspace{3cm} （2-1）$$

式中：PCI——路面状况指数，其数值范围为 0 ~ 100，数值值越大，路况越好；

DR——路面综合破损率，以百分数计。

（二）路面行驶质量评价

路面的行驶质量采用行驶质量指数作为评价指标，按式（2-2）计算。

$$RQI=11.5-0.75 \times IRI \hspace{3cm} （2-2）$$

式中：RQI——路面的行驶质量采用行驶质量指数；

IRI——国际平整度。

第三节 沥青路面养护维修工程分类

一、日常巡视与检查

（1）检查路面上是否有明显的坑槽、裂缝、拥包、沉陷、松散、车辙、泛油、波浪、麻面、冻胀、翻浆等病害，并判定其危害程度及趋势。

（2）检查路面上是否有妨碍交通或可能损坏路面的堆积物等，若发现妨碍交通或有可能损坏路面的堆积物应及时清除。

二、小修保养

（1）清扫路面泥土、杂物，排除路面积水、积雪、积冰、积砂，铺防滑料等。

（2）修补路面的泛油、拥包、轻微裂缝、横向裂缝、坑槽、沉陷、波浪、局部网裂、松散、车辙、麻面、啃边等病害。

（3）路缘石或拦水带的刷，修理和清理边沟，维修护坡道、土路肩培土等。

三、路面中修

路面中修的基本工作内容是对旧沥青路面局部严重病害进行修复处理，整段铺装、罩面，同时更换路缘石，维修路肩。

四、路面大修

大修养护工程是指对公路主体及其附属设施已达到服务周期而必须进行的大范围的、周期性的综合维修，使之全面恢复原设计状态的工程项目；或由于水毁、地震、风暴、冰雪、交通事故等造成公路及其附属设施的重大损坏而必须进行修复，保证其正常使用的工程项目。根据路面技术状况及交通要求，大修工程的内容包括路面翻修、补强及相关附属设施的修复，具体实施内容与大修工程对象的破坏原因、破损状况等有关。

五、路面改建

路面改建的目的是提高路面等级，满足交通量的要求。其工作内容包括对路面进行补强，或设计新的路面结构；若路基太窄，还应对路基加宽；对不适应交通要求、不符合路线标准的路段，通过局部改线，提高公路等级，使其满足交通要求。

六、专项养护工程

专项养护工程是对公路路基、路面、桥涵、隧道等构造物及收费、监控、通信系统，绿化、交通工程等沿线设施及附属设施的一般性磨损和局部损坏进行的定期维修，加固、更新和完善，以恢复其使用功能的工程项目。

路面养护维修规模不同、要求不同、工作内容和重点也不同。各种破损病害的维修是日常养护、小修保养、中修工程的重要内容，量大，面广，做好路面各种病害的修复对保持路面良好服务水平及保证加铺罩面工程质量具有重要意义。

3

沥青路面预防性养护技术

第一节　沥青路面预防性养护概述

一、预防性养护的基本概念

预防性养护是一种周期性的强制保养措施，是在路面结构强度充足，仅表面功能衰减的情况下，为恢复路面表面服务功能而采取的一种养护措施。预防性养护虽然需要更早投入一定的费用，但却是一种费用效益比最优的养护措施。美国道路业曾通过对几十万千米不同等级道路的跟踪，发现这些道路的使用性能和寿命有一个共同的变化特征：一条质量合格的道路，在使用寿命75%的时间内性能下降40%，这一阶段称为预防性养护阶段；如不能及时养护，在随后12%的使用寿命时间内，性能再次下降40%，从而造成养护成本大幅度的增加，这一阶段称为矫正性养护阶段。通过调查统计得出，矫正性养护比预防性养护将多投入3～4倍的费用。

路面养护方法主要可以分为矫正性养护和预防性养护两大类。矫正性养护是指当路面出现破坏时，根据病害类型采取相应的措施，改善路面的使用性能。矫正性养护是一种被动的养护方式，它虽然能在一定程度上恢复路面的使用水平，但往往成本较高且效果不佳，并不能显著地延长路面的使用寿命。而预防性养护是一种积极主动的养护方式，它不仅是指在严重的破坏可能产生之前进行处理，还含有三重选择性含义，即适宜的时机、适宜的方法和适宜的路段。国外的研究结果表明，对路面进行有计划的预防性养护的花费大大低于矫正性养护的费用。

延迟养护与延期养护可能会加重路面的破损程度，导致维修费用增加。若在道路处于中等状态时就进行修复，修复费用为1个单位，但若修复工作延迟，使路面使用状态达到很差的质量水平时，再进行修复所需要的费用将增加4～5

倍，所以延迟养护将付出高昂代价。

不同的养护方法需要的养护资金差别很大，对路面的使用寿命和使用性能也有很大的影响，因此选择一种经济有效的养护措施十分必要。有计划地进行预防性养护的总费用比使用 20 年后再重修的费用要低 63%，比每 10 年加铺一次的费用低 55%，且能将路面性能维持在较高的水平。

这种概念有别于传统的道路养护理念。主要有两个观点：一是让状态良好的道路系统保持更长时间，延缓未来的破坏，在不增加结构承载能力的前提下改善系统的功能状况；二是在适当的时间，将适用的措施，应用在适宜的路面上。预防性养护的核心思想是要求采用最佳成本效益的养护措施，强调养护管理的主动性、计划性。在美国，把预防性养护归入"路面保值"的范畴中。

所谓路面保值，就是指为提供和保持道路的使用性能，所采取的包括预防性养护和矫正性养护及某些小型修复项目在内的所有措施，这是美国联邦公路局的定义。所谓矫正性养护，就是传统上的修补路面的局部损害或对某些特定病害进行的养护作业，适用于路面已经发生局部的结构性破坏，但还没有波及全局的情况，显然这是一种事后、被动的养护方式，治标不治本，各种局部病害积累起来将形成全局性的结构性破坏，最终导致昂贵的修复（大修）工程。采取预防性养护将彻底改变上述情形，如果在路面使用过程的某个最佳时机进行若干预防性养护措施干预，路面状况将一直保持在较高水平；如果等到路面状况衰减到无法使用时再进行干预（大修），不仅严重影响使用功能，加剧道路的破坏，而且将需要较高的成本投入。

由此可知，预防性养护在延缓路面使用性能恶化速率、延长其使用寿命和节约寿命周期费用方面具有重要意义。因此，发达国家（如英国、德国、美国等）积极采用预防性养护，且日本、英国、加拿大、美国、德国等国家开发了一系列预防性养护新工艺、新技术、新设备。

二、我国预防性养护发展概况

预防性养护从根本上说，是为达到效益目标而推行的一种养护理念及其对应的养护策略，它与一定的公路发展水平、发展阶段相适应。

我国以往的路面养护"重修理、轻预防"，面对车辙、推移、泛油、网裂、龟裂、松散、脱落、纵横裂缝等各种路面早期破坏，养护维修方法主要是被动式的维修，即等到路面的破坏较严重以致影响行车时，安排大中修工程。这样虽然可获得新建路面的使用性能，但也存在对交通的影响较大、成本较高、废弃的材料对环境造成污染严重等问题。随着路面养护维修技术在新材料、新工艺、新设备等方面的不断发展和进步，这类方法已经很难反映现代路面养护维修技术的特点和要求，也难与养护技术发展相适应。

在我国早期的公路养护工作中，以矫正性养护为主，即当公路出现病害且达到一定的破损程度，已影响到其使用时才进行养护。而预防性养护则是在路面出现病害的早期，病害程度还较轻微时，就从可用的预防性养护技术中，有针对性地选择采用预防性养护措施进行处治。通过这种养护，可以在保证公路较高的使用性能的基础上，因做到了对病害的及早处理，而在较长的使用期内，节省了总的养护费用。

早期，公路养护管理部门在发展和应用养护新技术、新工艺的过程中，也逐步采用了预防性养护多种技术方案中的一种或少数几种。但由于设备、经济条件、技术推广应用程度、思想观念等多种因素的限制，预防性养护并未做到真正的系统化和持续化。我国公路交通管理部门将其提高到一个更高的重视程度上，开展专项研究，将促使这一理念和相关技术的推广应用，对我国公路养护事业将起到重要的规范和引导作用。

预防性养护的基本理念从国外发展而来，在国内引起了全国各个地区公路养护部门的高度重视。早期从引进和应用单个的预防性养护技术开始，到现在已有多种预防性养护技术得到推广。但在此过程中，系统性、连续性方面仍有一定不足。

随着高速公路的快速发展、高速公路里程的不断增多，发展高水平的养护技术已逐步成为养护工作中的重点。从 20 世纪 90 年代起，结合高等级公路开展的养护技术方面的研究也逐步开始，为后期的养护技术应用提供了坚实的基础。但由于养护经费紧缺、养护观念传统，虽然有些预防性养护单项技术的应用推广范围逐渐扩大，但预防性养护观念、政策、技术体系等的发展相对滞后。从"九五"到"十五"期间，应用于公路养护实际的新技术、新材料、新工艺、新设备层出不穷，预防性养护也不断得到重视和发展。

20 世纪 90 年代早期，采用沥青洒布车洒布沥青，然后人工抛洒预拌碎石进行碎石封层施工，处治出现表面早期病害的旧路面是常用的技术之一，其后，随着各种预防性养护设备的推广应用，预防性养护技术也逐步发展和丰富。如稀浆封层设备、同步碎石封层设备、灌缝设备等，随着公路里程的增加、公路等级的提高和养护技术水平的进步，预防性养护的思想也逐步为工程技术人员所广泛接受。然而，由于经济条件和技术水平的差异，各地的预防性养护实施程度存在明显差异。具体表现为：特定地区的技术选择存在一定偏向；预防性养护的整体政策和资金规模存在差异。

第一个表现的主要原因是各地设备水平上存在明显差异，较富裕地区的设备水平相对较好，能实际采用的预防性养护技术措施更丰富，开始进行预防性养护的时间也相对较早，在较长时间的实践过程中，总结出对本地区具有更好效果且更经济的预防性养护技术种类，这些技术种类是整个预防性养护技术方案体系中的一部分，数目较少，但得到了有力推广。这样，造成了不少地区的预防性养护技术集中在少量几种技术应用上。

第二个表现也与各地经济状况相关，且直接受到原有路网中道路总体等级水平、使用状态等影响。在总体等级水平高、使用状态相对较好、校正性养护任务压力相对较小的情况下，采用预防性养护技术真正进行预防性养护将面临最小的选择压力。同时，较好的经济状况也提供了更好的设备使用基础条件。

预防性养护在国外主要针对路面养护，分沥青路面和水泥混凝土路面，因采用的预防性养护技术不同，分成两个大的预防性养护技术体系。我国的预防性养护早期也以路面养护为主要内容，后期，养护技术人员对其内容进行了发展，除沥青路面、水泥混凝土路面的预防性养护外，路基、桥涵等的养护也可纳入整体预防性养护的基本框架。

21世纪初至今，我国早期建设的高速公路不少已经进入大、中修阶段，且养护相关观念和技术的国际交流日益频繁，大型养护设备逐步引进，都促使公路养护，特别是高速公路养护进入了一个新的纷繁复杂的阶段。预防性养护观念和相关技术逐渐为广大公路工程技术人员所了解和接受，并在全国各地区进行了不同程度的尝试，开展了相关研究，并取得了一定的实际效果。然而，迄今为止，预防性养护政策与技术体系仍在不断发展之中。

三、沥青路面养护措施技术类别

国内外在总结养护技术经验和材料开发的基础上，总结出了多种养护、维修与改造技术措施。

砂封层：使用细集料制作的沥青混合料，可用于改善光滑路面的抗滑能力和防止空气与水侵入路面。

雾封层：使用少量用水稀释的慢凝乳化沥青，用于处治旧沥青面层，灌入小裂缝和表面空隙。

稀浆封层：使用慢凝乳化沥青、良好级配的细集料、矿粉和水拌制的混合料，用来填封裂缝和旧路面表面，以恢复均匀的表面纹理、防止水与空气侵入路面并提供抗滑阻力。

碎石封层：是一种表面处治技术，首先在面层表面喷洒沥青（通常使用乳化沥青），之后立即用集料覆盖和碾压。

开普封层：包含应用稀浆封层、新铺面层处治或石屑罩面等的表面处治技术，表面处治用来提供防水的表面并改善防滑性能。

层铺法表处：一种表面处治措施。先铺一层较大粒径的集料，之后在其上洒铺乳化沥青，再用小一级的集料洒铺封盖。层铺法表处常用来封住面层，改善抗滑性能。

改性沥青微表处：用聚合物改性乳化沥青作结合料，矿质集料、矿粉、水和其他添加剂按适当比例组成，拌和并洒铺在有沥青混凝土铺面的表面上。

橡胶改性沥青石屑罩面：传统石屑罩面的一种改进型罩面技术。橡胶改性沥青表处使用轮胎橡胶或胶乳橡胶改性沥青替代沥青作为结合料，目的在于增加沥青的韧性和黏结性。橡胶改性沥青石屑罩面通常作为防止反射裂缝的加铺层。

沥青玛蹄脂碎石加铺层：一种使用沥青碎石玛蹄脂材料施工的加铺层。沥青碎石马蹄脂是用沥青结合料、纤维稳定剂、矿粉，间断级配集料配制的沥青混合料。

密级配沥青混凝土加铺层：使用沥青作结合料的混合料铺筑的加铺层，混合料集料级配为密级配。加铺层应满幅铺筑在原路面上。

灌缝：向非工作型裂缝填充材料，以尽可能减少水的渗入或加强裂缝两侧的结合。

填缝：采用规定的材料，将其填入工作裂缝（工作裂缝是指路面经受了显著的横向移动产生的裂缝，宽度一般大于 2mm）内，以防止不可压缩物进入裂缝内和防止水渗入裂缝和下层结构内。

冷铣刨：一种铲除面层全部或部分材料的工艺。其目的之一是为铲除车辙或表面不平整部分，铺筑加铺层恢复路面路拱或纵断面，整平并恢复路面防滑能力。

现场冷再生：是路面再生利用的一种方法。对旧有沥青路面的部分进行破碎回收，回收的材料与新结合料拌和，某些情况下，添加一些新集料。再生利用层一般作为新加铺层的基层（下层）。乳化沥青比较适用于现场冷再生，必要时可使用软化剂。

现场热再生：一种现场再生工艺流程。将既有沥青面层加热之后用机械将松散的既有面层材料移开堆放与再生剂拌和，必要时加入新集料，把拌和好的再生沥青混合料重用于路面摊铺碾压成型。

加热刮松再生：一种现场热再生的工艺。既有沥青面层被加热、刮松，与再生剂拌和，之后整平压实。

四、预防性养护的技术选择方法

路面养护管理应针对路面不同的损坏状况提出不同的技术指标，用于判别所选养护技术措施的适宜性。养护决策可采用决策树与决策矩阵的方法。不论采用什么样的决策方法都必须依据一定的决策原则和技术指标体系。采用决策树与决策矩阵进行沥青路面养护管理决策所需要的路况典型数据类型包括路面面层类型和施工历史、功能指标与交通水平分类指标、至少一类路面状况参数（包括破损状况和平整度）、关于各种损坏的数据、公路几何参数（以表明路面是否需要加宽或是否需要修补路肩）、环境条件。

采用决策树或决策矩阵进行养护决策能够清楚地反映出整个决策过程。此外，这两种决策方法易于修正决策指标和相关技术措施，能够生成合理建议。决策过程可以解释并程序化。两种方法在选择适当预防性养护措施、日常维护和改造等技术方案方面均是有效的决策方法。

采用决策树和决策矩阵的方法选择养护措施时，应避免仅考虑曾经成功应用过的少数技术措施，应大胆使用更有效的新技术措施或改进的技术措施。

（一）决策树

决策树的养护决策方法是，根据一组技术指标逐层地选择特殊的处治措施。每一个"分枝"代表了一组特殊的状况，如路面类型、损坏类型与程度、交通量、功能分类等，这些状况参数决定了应对路面采取什么样的特殊养护措施。

（二）决策矩阵

直观上看，决策矩阵与决策树相似，都取决于一组规则或指标以选择养护或改善措施。差别在于决策树更系统化和可图形化，决策矩阵实际上就是表格，可存储更多的信息。

美国公路战略研究计划的实验研究成果由一组有经验的工程技术人员对最适宜的预防性养护措施进行组合而成。该决策矩阵的构造者认为下列一些因素影响养护措施的选择：病害类型和程度、气候条件、处治费用、是否有合格的承包人、养护季节、养护期、交通载荷（量）、现有路面类型、预测的寿命、合格材料的情况、路面噪声、表面抗滑性能。

为了选择费用效益最好的预防性养护措施，决策矩阵必须了解各种可选养护措施的特性。使用决策树和决策矩阵的一些优点：可以很好地利用已有的经验；所采用的方法适用于区域条件；适用于项目级决策比较好。缺点：不易于在不同的地区间推广应用；不宜于开发和适用新的处治措施；较难以考虑或适应各种因素（这些因素也许是非常重要的，例如路面使用功能的类别、剩余寿命等）；使用于多种损坏类型的决策矩阵难以制定；一般不宜于对不同的措施进行评价；不宜用于网级评价。

五、预防性养护的时间选择

预防性养护的另一个关键步骤是确定实施养护措施的时间，因为养护时间是否适当将影响到预防性养护的有效性。养护时间取决于路面状况观测和无损检测结果。所进行各种类型的路面状况观测都可为制定处治计划提供有意义的数据资料。为了确定路网内哪些路段在什么时间进行养护并提供决策的合理的技术支持，应进行路面状况观测，包括使用路面无损检测手段。

根据对路面状况的观测结果，例如评价分数为 1 ~ 100 分，根据评价分数的临界值可定义路面养护措施的类型，其可实施预防性养护的时段和单项指标（沥青路面）的参考范围建议如下：

（1）达到路面设计年限的 30% ~ 40%。

（2）通过当量轴次交通量的 40% ~ 50%。

（3）路面破损状况指数为 85 ~ 90。

（4）路面行驶质量指数为 85 ~ 90。

（5）路面结构强度指数为 80 ~ 85。

（6）路面车辙深度指数按《公路沥青路面养护技术规范》要求确定（高速公路、一级公路）。

第二节　裂缝修补技术

一、裂缝"三阶段"修补法

公路在使用过程中，路面会因车辆荷载及环境因素的作用而逐渐损坏，造成公路服务水平的逐步下降，裂缝是路面损坏最初和最为常见的一种破坏形式。裂缝修复就是对路面最初的损坏进行修复。其优点是操作简单，使用设备和人员少，修复费用低廉，且在路面使用寿命早期能较好地延缓水分进入路面结构从而阻止路面病害加速发展过程，具有较高的费效比。但实施时需重复多次施工，累计养护成本增加，重复工作的劳动强度较大。

开裂后的路面的养护措施取决于裂缝的密度与程度。如果裂缝已经钝化或裂缝边缘已经损坏，达到了高度损坏，这类路面则最好采用诸如碎石封层、稀浆封层等措施。如果裂缝处于低度、中度损坏状态，开始向边缘损坏发展，裂缝宜采用修补。

根据裂缝的不同程度和发展阶段，采取不同的处置方法。主要有灌缝、贴缝和全断面切挖填补缝，即裂缝修补的"三阶段"法。

在裂缝开裂初期，为控制裂缝进一步扩展，防治路面水损坏，宜对裂缝进行及时处理，因裂缝较细微，直接采用灌缝工艺即可。

灌缝修补后，随着时间的推移，在车辆荷载、动水荷载等作用下，先前的灌缝逐渐失效，裂缝在宽度、长度和深度方向进一步扩展，导致了更加严重的水损坏，此时宜清理原灌缝材料及杂物，填充适量的沥青砂浆等材料，并进行必要的贴缝处理，处理后路面水损坏得到了有效控制。

当贴缝失效或功能减退时，原有裂缝已经扩展得比较严重，横向裂缝一般均宜贯穿整个断面，贴缝已不能有效处理，开槽灌缝的深度不够，不能有效控制裂缝的进一步扩展，此时宜进行裂缝全断面切挖。切挖深度需到达裂缝最低点，然后在切挖的坑槽中填充一定粒径范围的大粒径透水性沥青混合料，使之与原路面沥青混合料充分黏结，填补全断面的大粒径透水性沥青混合料后，路面结构层中的水分将沿大粒径透水性沥青混合料迅速排至路侧，处置后，路面裂缝得到了有效处置，同时路面整体的排水性能也得到了显著改善。

二、裂缝修补材料

（一）灌缝

1. 材料选择要求

选择灌缝材料时，需要考虑以下九点因素。

（1）准备材料时间不应过长。

（2）快速且容易施工（施工性好）。

（3）凝固时间短。

（4）黏结性。裂缝中的修补材料在车辆荷载和水损坏的双重影响下，承受着各种应力应变的作用。为了弥补裂缝处原有沥青路面的强度不足，填缝料自身及填缝料与裂缝壁之间应形成一个整体，使填缝料能够起到良好的传递拉压应力、剪应力的作用。故填缝料与裂缝壁面间必须具有较强的黏附性，即填缝料与裂缝壁面旧料之间应具有良好的"相容性"，同时填缝料本身还应具有良好的"根着性"（或称渗透性）。相容性主要是指填缝料与裂缝壁面裸露集料间化学性质相容和物理性质相容，若两者化学性质、物理性质都相容，其黏附性则能大大增强。根着性是指填缝料能根深蒂固，渗入裂缝壁面旧集料孔隙与微缝中，待填缝料固化后，便楔入和锚固在裂缝壁面上。这样填缝料与裂缝壁面间就会产生很强的黏附力。

（5）高温稳定性（高温条件下不易流动及软化）。在夏季及高温天气，为防止填缝料受热而流淌，从而溢出裂缝而被车轮带走，填缝料应该具有足够的高温稳定性，即在环境温度较高情况下，填缝料不流淌、塑性变形小。

（6）柔韧性。在冬季及低温天气，为防止填缝料出现脆裂而使填封裂缝失效，填缝料必须具备良好的低温抗裂性，即在低温环境下填缝料仍具有较好的变形能力。另外，裂缝中的填缝料在受外力作用时，为防止其变形过大或被挤出，应具有足够抵抗变形的能力；或者在夏季高温环境下，防止砂石、碎屑等不可压缩杂物嵌入裂缝的填缝料中，其亦应具有一定抗变形能力，即填缝料应具有一定的韧性。

（7）弹性及延展性。填缝料在外力作用下，其变形由弹性变形和塑性变形组成，后者是不可恢复的。填缝料应具有足够的弹性，使其受拉压应力作用而产生弹性变形后能迅速恢复到原有状态。沥青路面的裂缝宽度会随着季节和环境温度的变化而不断改变，但总体趋势是裂缝不断变宽并伴有竖向位移（即产生错台的趋势）。为了使填缝料始终能够与裂缝壁面贴合并保持对裂缝的封闭作用，填缝料必须具有较好的延展性，亦可称为"跟踪性"，即填缝材料能跟随裂缝伸缩大小，且能追踪其伸缩移动方向。

（8）耐老化。裂缝中的填缝料在使用过程中由于长期暴露在大气中，在热、氧气、阳光和水等环境因素的综合作用下，填缝料很容易发生性质变化，导致其各项力学和路用性能劣化。为了提高填封裂缝的耐久性，防止填封裂缝较早失效，填缝料应具有较高的耐老化性，在使用期内，其各项性能指标应保持稳定或变化较小。

（9）耐磨耗。由于一般车辆正常行驶下，轮胎会对填缝料产生磨损，且对于冬季降雪用铲雪机的道路，填缝料也会产生磨损，因此填缝材料应具有一定的耐磨耗性。不过与其他性能相比，抗磨损性对裂缝填封质量影响不算很大，填缝材料即使有一些磨损，但还不致很快使填封裂缝失效。灌缝示意图如图3-1所示。

图 3-1 路面灌缝示意图

2. 材料分类

灌缝材料大体分为冷灌式灌缝料、热灌式沥青材料和有机硅树脂三大类。

（1）冷灌式灌缝料包括乳化沥青和聚合物改性乳化沥青。冷灌式灌缝料受限制条件较少，无须加热使用，可用在潮湿的路面、有灰尘的壁面。其性能受外界条件影响较小。乳化沥青的黏结性不太好，弹性和延展性不足，故乳化沥青填缝料和裂缝壁面黏结强度较差，容易被从其上经过的轮胎携带走。乳化沥青在黏结性能上很难与热沥青相比，故其更多地用于无或少水平位移裂缝的填缝，且多在裂缝处于潮湿状态或低温天气等环境条件较恶劣情况下作为裂缝的应急填缝修补材料。若要提高乳化沥青的性能，扩大其应用的范围，必须掺入添加剂或改性剂，制成高性能改性乳化沥青后使用。

当裂缝壁面材料中石料为酸性石料但裂缝壁面处于潮湿状态或在低温下施工时，可选用表面带正电荷的阳离子乳化沥青；而当裂缝壁面材料中石料为碱性石料且裂缝壁面处于干燥状态时，宜选择表面带负电荷的阴离子乳化沥青作填缝材料。一般为了减少修补裂缝时中断交通的时间，大多采用快裂型乳化沥青作填缝材料。

乳化沥青较热沥青具有一些显著的优点，具体如下。

①乳化沥青（特别是阳离子乳化沥青）不怕水，能裹覆潮湿石料，且低温不影响其流动性和浸润性，故在雨后、裂缝潮湿或低温条件下进行裂缝填封，对其

修补性能影响很小，而热沥青在裂缝处在潮湿状态或低温条件下进行裂缝填封，其修补质量极差。

②乳化沥青具有极好的流动性和浸润性（即渗透性），用于未成熟的微裂缝的填缝修补较理想，而热沥青浸润性略差些，更多地用于成熟裂缝的填缝。

③乳化沥青无须或稍许加热便可使用，价格上虽比沥青高出 25% ~ 30%，但其施工费用较低，使用安全方便且节约能源，并能减少环境污染。所以，乳化沥青在某些特定情况下也被广泛用于裂缝的填缝修补。

（2）热灌式沥青材料包括普通沥青和改性沥青。普通沥青是一种很好的胶结材料，具有较好的黏结性能和极佳的耐水性能，将其加热至 140 ~ 160℃制成热沥青，具有很好的流动性和浸润性，热沥青完全可以作为裂缝填封材料使用。同时，热沥青在各种裂缝填封材料中成本最低，质量也最为稳定，施工人员对热沥青的制备及使用经验也最为丰富。但是修补裂缝破损对其填缝材料的要求通常是较高的，而一般的沥青结合料柔韧性稍差、温度敏感性较大，不太适合填缝修补有较大水平位移的裂缝，不适用于气温变化很大的地区。故热沥青可更多地用于无或少水平位移（小于 2.5mm）裂缝的填缝，可在气温变化相对较小的地区使用。

采用热沥青填缝修补裂缝，更多地被用于裂缝处于干燥状态约占 75%，且此时其平均修补寿命也较高（1.66 年和 2.08 年）；在气温较高（大于 5℃）且裂缝处于干燥状态下时，填封裂缝的寿命最长，超过了 2 年；而在裂缝处于潮湿状态下，无论气温高低，填封裂缝的寿命都达不到 1 年，故采用热沥青进行裂缝填封修补，适宜在较温暖的气候条件下及裂缝处于干燥状态时，这样可大大提高其填缝修补的效果和耐久性。

我国地域辽阔，南北方气候差异较大，气温、降雨量各不相同，造成沥青路面的使用情况和施工状况有很大差异。

一般的热沥青和乳化沥青作为裂缝填封材料，较难满足诸多的性能要求，必须对热沥青和乳化沥青根据裂缝填封材料的具体性能要求进行改性后使用。对热沥青和乳化沥青进行改性，可以极大地提高它们的高温抗变形能力、低温抗裂性能、与裂缝壁面的黏附性能及耐久性能，能够适应较大水平位移（不小于 2.5mm）裂缝（活动裂缝）的填缝。

沥青改性剂的品种很多，常用的改性沥青多采用高分子聚合物作为改性剂来制备。不同类型聚合物、改性剂制成的改性沥青，其性能各不相同。用于沥青改性的高分子聚合物主要有以下三大类。

①橡胶类。例如 SBR 制成的橡胶改性沥青适合于寒冷地区的裂缝填封修补。

②树脂类。例如 EAV 改性沥青适合气候炎热且对裂缝填封材料低温性能有要求的地区使用。

所谓的树脂类密封胶，实际上也是以沥青为基质材料，掺加各种改性剂（如聚合物和树脂），与橡胶改性沥青、乳化沥青或者纤维改性沥青所不同的只是掺加的改性剂的种类较多而已。在国内，树脂类密封胶的使用已经被用于修补沥青路面裂缝，且取得了良好效果。如深圳市魁道实业有限公司生产的产品，该密封胶的成品是固态带状物品，直接用喷枪加热就可以对裂缝进行修补。施工十分简便，施工后可立即通车，不需要进行开槽等处理程序，所以十分适合应急修补。

国外的树脂类密封胶品种较多，如美国的 2 型（34518）密封胶。该密封胶属于聚合物改性沥青材料，外观为固体状，使用前需要加热成液体。使用该密封胶修补裂缝的机理是将密封胶加热到 193℃高温，黏度变得很低，灌入裂缝后很快就渗透到了裂缝两侧的沥青混合料中并混合到一起。当密封胶冷却后，在常温和低温时均有着较高的弹性，可随着裂缝的胀缩而发生弹性变形，始终保持其密封作用，这样就长期、有效地封闭了沥青路面的裂缝。该密封胶适用于夏季温度不超过 38℃，冬季气温不低 -18℃的地区使用。

③热塑性改性沥青。例如 SBS 改性沥青适用的范围较广，特别是针对气候条件变化大、对裂缝填封材料高低温性能要求都高的情况下，或欲填封裂缝破损较严重（存在较大水平位移）并追求更好的填缝效果时，可采用 SBS 改性沥青作填缝材料，有时切缝后缝槽可以用热的砂粒式或细粒式热拌沥青混合料来进行填补。

采用热改性沥青修补裂缝，大多数（约 84%）是在裂缝处于干燥状态下使用。在气温较高且裂缝处于干燥状态时，填封裂缝的寿命最长，超过了 4 年；而在气温较低且裂缝处于干燥状态时，填封裂缝的寿命也较长，接近 3 年；在裂缝处在潮湿状态时，不论是高温条件下还是低温条件下，填封裂缝的寿命都略低一些，约为 1 年半。

改性沥青较普通沥青的多项性能提高许多。改性沥青作为裂缝填封材料，使填封裂缝的寿命得到大幅度提高。所以，在条件允许的情况下，为提高填封裂缝的耐久性，减少重复修补，应尽量采用热改性沥青或改性乳化沥青作为裂缝填封材料。

（3）有机硅树脂黏度很大，不易充分渗入裂缝，且对施工条件要求高，既费时又昂贵，故大多用于密封新建混凝土路面的接缝。

除此之外，还有快干稀释沥青、矿物（如石料、石灰、粉煤灰）填充沥青。现在油溶沥青因为环境的因素，已经很少使用，而矿物填充沥青从经济性方面考虑，不推荐使用。沥青砂浆通常认为是一种裂缝修补材料。

热灌式沥青类材料里面，沥青水泥及液体沥青柔性较差，并且感温性能较差，因此通常用来作为非活动裂缝的填料。同样，纤维沥青弹性较差，且对材料的感温性能影响不大，纤维沥青通常用作裂缝填封材料。

液体或热沥青中添加橡胶聚合物能够提高混合物的柔韧性，相应提高了混合物的现场使用性能。有机硅类材料由 1 ~ 2 种成分组成，通过化学反应由液态变为固态。

在非活动裂缝中平缝填乳化沥青及沥青膏，其性能能够维持 2 ~ 4 年，而填橡胶改性及纤维改性沥青能够维持 6 ~ 8 年。橡胶改性沥青封缝料平缝或骑缝处理活动裂缝，服务寿命期为 5 ~ 9 年；骑缝处理非活动裂缝，服务寿命期为 2.5 ~ 5 年。

有机硅材料用于普通未处理活动裂缝、切缝活动裂缝的施工，服务寿命期至少为 4 ~ 6 年。纤维沥青用于普通未处理活动裂缝的切缝修补，至多能提供 2 年的服务期。

为了使投资得到的效益最大化，选择材料时有必要与上述材料能够服务的年限进行比对，即通常所说的投资 – 效益分析。投资 – 效益回报最好的填缝料是橡胶粉改性沥青平缝或骑缝处理裂缝及纤维改性沥青骑缝填补裂缝。

研究同样得出，投资 – 效益最优的封缝料是橡胶粉改性沥青骑缝处理普通未处理裂缝，其性能能维持 5 ~ 8 年。

（二）贴缝

贴缝材料包括贴缝带和裂缝填充材料，路面贴缝示意图如图 3-2 所示。

图 3-2　路面贴缝示意图

1.贴缝带

贴缝带直接在公路表面修补路面裂缝，如日常生活中使用"创可贴"一样，一贴即可，不需要对裂缝进行开槽处理，克服了开槽灌缝后出现的"啃边"现象。路面裂缝贴缝带技术具有操作简便、施工速度快、质量可靠、成本低等优点。

（1）结构面层贴缝带主体结构分为四层，从下至上分别是：①高黏结材料层：优良的黏结作用，防止材料与路面之间形成空隙而进水。②高弹性聚酯层：裂缝在温度作用下而出现宽窄变化时起到骨架和弹性恢复作用，相当于空心板中的钢绞线，但是这层材料在具有强度的同时也具有一定弹性。③高分子弹性材料层：高分子材料，不但高低温性能优良，而且具有较好的弹性，是主要功能层。④抗撕裂进口无纺布或柔性聚乙烯层：根据实际要求表面覆盖进口抗撕裂无纺布，可以降低因贴缝后而引起的路面摩擦系数减小，同时起到稳固材料推移或被车轮摩擦损耗，也可以覆盖柔性聚乙烯层。

（2）特性：①科技产品，质量放心。面层贴缝带是专门针对路面裂缝而研制的专用产品，在开发思路上就杜绝了灌缝的缺点和不足。在开发过程中也得到公路科研部门和国外专家的指导。

②黏结牢固不易脱落。面层贴缝带与路面接触的那一层为高黏性材料层，与路面黏结后不但不容易脱落，就是人为分离也很难揭掉，有效保证了防水效果。

③良好的高低温性能。面层贴缝带的主要功能层是高分子材料，再加上有网状高强度、高弹性的聚酯层吸附住一部分材料使得整体材料高温不流淌、低温不脆裂。

④极具特色的"自愈"功能，能自行愈合较小的穿刺破损，可自动填塞愈合较小的裂缝。

⑤耐久性优良。经过 3 年多的调查，都可以保持 1 年以上不开裂、不推移、不破损，仅有少数因基层功能损坏导致裂缝错位而造成开裂，但仍黏结良好。

⑥能有效对放射性裂缝及分叉裂缝进行处理。面层贴缝带可以根据裂缝总体宽度量身定做，可以全部覆盖住裂缝区域，而不会出现漏贴而造成渗水。

⑦施工方便。施工工艺简单，方便快捷，施工过程中不会对环境造成污染也不会对工人造成伤害。

⑧无材料浪费。因为材料无须加热，现用现贴，缝有多长就贴多长，无材料损耗。

⑨无设备投资。施工过程中不需要任何设备，经济效益明显，人工投入少、无设备投入、无加热灌缝料时的燃料投入，单班产出高。

⑩施工速度快，可以抢占有利施工时机。因为不用任何设备，在有利施工季节就可以组织大量人力在短时间完成施工任务，抢占有利时机。

（3）规格：根据处置裂缝的宽度及不同表现形式，贴缝带一般有以下规格。

① 50 mm 宽。适用于路面单一且局部较直裂缝。

② 80 mm 宽。适用于路面一条主裂缝及沿主裂缝出现一些细小的裂缝。

③ 150 mm 宽。适用于路面几条裂缝并行、交错，总宽度小于 100 mm。

2. 裂缝填充材料

裂缝填充材料一般采用沥青砂浆，其材料主要包括沥青基材料、砂、水（必要时）及必要的添加剂。

（1）沥青基材料：沥青采用黏结性能高的改性乳化沥青。

（2）砂：可采用石英砂或机制砂。机制砂宜采用专用的制砂机制造，并选用优质的玄武岩生产。

（3）水：必要时可掺入一定的水，水中不得含有有害的可溶性盐类、能引起化学反应的物质和其他污染物，一般可采用饮用水。

（4）添加剂：添加剂的主要作用是防止沥青基材料与砂的离析分层、调节干燥时间，并可在一定程度上改善沥青基材料的性能。添加剂的掺加不应对沥青基材料性能产生不利影响。

（三）全断面切挖填补缝

全断面开挖后，在坑槽壁面上涂抹一定的黏结材料，在坑槽中填充一定粒径范围的大粒径透水性沥青混合料完成全断面切挖填补缝的裂缝修补。

1. 大粒径透水性沥青混合料

全断面切挖填补材料一般为大粒径透水性沥青混合料，大粒径透水性沥青混合料集料最大公称粒径不小于 26.5mm，孔隙率在 13% ~ 18%，能够将水分自由排除路面结构。

（1）粗集料。指轧制的坚硬岩石，其应洁净干燥，表面粗糙，质量应符合规定。当单一规格集料的质量指标达不到表中要求，而按照沥青混合料中各种规格粗集料的比例计算的质量指标符合要求时，工程上允许使用。对受热易变质的集料，宜采用经拌和机烘干后的集料进行检验。

采石场在生产过程中必须清除覆盖层及泥土夹层，生产碎石用的原石土块、杂物，集料成品不得堆放于泥土地面；当粗集料与沥青的黏结性不满足要求时，应采用必要的措施进行处理，使混合料水稳定性达到要求。

（2）细集料包括石屑、机制砂和天然砂。采用反击式或锤式破碎机生产的硬质岩集料，经筛选的小于 2.36mm 的部分具有较好的棱角性，可以作为机制砂使用，细集料必须由具有生产许可证的采石场或采沙场生产。

细集料应洁净干燥、无风化、无杂质，并有适当的颗粒级配，其质量应符合规定，细集料的洁净程度以砂当量（适用于 0 ~ 4.75mm）或亚甲蓝值（适用于 0 ~ 2.36mm 或 0 ~ 0.15mm）表示。

此外，石屑是采石场破碎石料时通过 4.75mm 或 2.36mm 的筛下部分。采石场在生产石屑的过程中应具备抽吸设备，杜绝覆盖层或夹层泥土混入石屑中，机制砂宜采用专用的制砂机制造，并选用优质石料生产。

（3）填料。大粒径透水性沥青混合料采用的填料为干燥消石灰或生石灰粉。石灰粉应干燥、洁净，能自由地从粉仓中流出。

（4）沥青胶结料。大粒径透水性沥青混合料应采用黏度较高的沥青作为胶结料，宜采用多级沥青结合料。

（5）矿料级配。大粒径透水性沥青混合料公称最大粒径不小于 26.5mm，其级配与原材料的性能有关。

（6）性能检验。①高温性能试验。大粒径透水性沥青混合料应进行高温稳定性检验。高温稳定性检验宜采用车辙试验，评价指标为动稳定度，要求动稳定度不小于 2.600 次 /mm。②渗透性能。配合比设计应检验其渗透性能，渗透性能采用渗透系数评价，大粒径透水性沥青混合料要求渗透系数不小于 0.01cm/s。

2. 黏结材料

开挖后，坑槽壁面的黏结材料可采用热沥青、热改性沥青、乳化沥青及改性乳化沥青，因填充后作为路面的排水通道，透水性大粒径沥青碎石混合料受动水荷载作用明显，对全断面切挖后坑槽壁面的黏结效果要求较高，故黏结材料宜采用黏结性能高的改性乳化沥青、环氧沥青或聚氨酯等材料。

三、施工工艺及设备

（一）灌缝

1. 灌缝方式

材料封 / 填缝有多种方式，可以大体分为平缝、不切缝，平缝、切缝，骑缝，混合式四类。

（1）平缝、不切缝方式：是将材料简单的封 / 填于裂缝中，裂缝未作切缝处理，施工结束后将多余材料剔除。

（2）平缝、切缝方式：裂缝需要预先切缝，填缝料施工完成后要与路面齐平或稍低于路面。

（3）骑缝方式：裂缝不需预切缝，材料填入裂缝中后有富余，从而使填缝后材料高度突出路面，如果用刮刀进行修正的话，突出的材料会形成一个规整的突出波段，通常为 75 ～ 125mm 宽，3 ～ 6mm 厚。如果不将上部材料修正，会形成一条不规整的"盖帽"状。

（4）混合式：裂缝需预切缝，填缝后材料突出路面，用刮刀进行修正，使裂缝成为规整的条带状，位置正好位于裂缝的中央。

一般每种填缝方式有以下四点控制因素：施工方式、缝槽的类型、材料施工完成后的形态或是否剔除多余的料、缝槽尺寸及填缝料条、带尺寸。

几乎所用的封缝及填缝操作都是用材料直接来处理裂缝。有时，会在填缝前将一根条状阻隔材料（如聚乙烯泡沫阻隔材料），置于活动裂缝缝槽底部。上述条状物可以防止填缝料流到裂缝底部，避免填缝料底部与路面材料直接接触，以减小与地面的摩擦，使填缝料的伸缩顺畅，提高填缝效果。

裂缝形状通常用形状系数来控制，同样影响着施工后的性能，特别是对于平缝、切缝方式，它往往是施工时的主要考虑因素。上述形状系数通常表述为填缝后缝料的宽度与缝料的深度之比。通常应用中，通过切缝的宽度与缝槽的深度来控制形状系数，一般认为，当深度之比小于或等于 1 时，填缝料产生的应变要小。当使用阻隔材料时，形状系数通过切缝操作和阻隔材料植入的深度同时来控制。

加拿大所用的形状系数深度之比为 1/4（1.6×0.4），通常无论是否植入阻隔材料，推荐形状系数如下：对于橡胶粉改性沥青为 1，对于有机硅填缝料为 2。通常形状系数小的话，会影响填缝后填缝料与缝壁的黏结性，增大形状系数会相应地提高二者的黏结性。

通常以下两种情况要考虑使用阻隔材料：

①使用阻隔条材料带来的成本的提高，会带来使用性能的更大提高。

②活动裂缝相对较直（如接缝反射裂缝），且边缘破损不严重。

通常对于热灌性橡胶改性沥青填缝料，推荐直接施工，而不使用阻隔材料，因为使用阻隔材料往往不经济。而对于有机硅材料（或许唯一适合的材料）则推荐使用阻隔条。

切缝用刨槽工具或切缝机往往能自动控制切缝的深度，而切缝的宽度往往需人工控制。阻隔条放在槽内，一般深度在 12～19 mm，使灌缝料能够形成所需的形状系数。阻隔条的宽度应比裂缝宽度宽约 25%，从而有利于维持竖向位置及提供相应的形状。

填缝完成后是否对外部材料进行修整要视材料而定，一些材料耐磨性较差，如有机硅及乳化沥青类，严禁与上部交通荷载进行接触（不许突出路面）；其他材料（如热灌性橡胶粉改性沥青）则需要突出路面。此时还要决定是否需要对突出部分进行修整，如果不进行修整，可以节省人力，不过性能不能保证，因为如果不进行修整的话，施工后填缝料会发生流动变平，而修整后会阻止这种情况的发生。

2. 灌封工艺

沥青路面裂缝填封效果的好与坏，除了与填缝材料性能质量有很大关系，还很大程度上取决于裂缝填封修补的工艺过程、工艺要求是否合理、正确。好的、精细的填缝工艺，会使填封裂缝的寿命得到极大的提高。对于裂缝填封工艺的确定，更多地应根据施工的实际要求和条件来确定，但是为了获得更好的裂缝填封效果，必须遵循严格的填缝工艺进行施工。虽然填封裂缝的初期成本较高，但其修补的寿命却大大延长，减少了重复维修的次数，更重要的是，减少了对交通的中断，减少了施工人员在施工现场暴露的时间。

一般封缝、填缝施工主要包括五步：切缝（刨槽工具或电锯）；清理裂缝、干燥裂缝；准备材料并施工；施工完成/材料外部修正；表面处理。

填缝施工中，裂缝往往不用预先切缝，而封缝施工往往需要预先切缝。而对于年度温差较大的地区（如美国北部许多州），往往会对裂缝进行切缝，已获得满足要求的材料形状系数并能增加填/封缝料的柔韧性，以适应裂缝的位移变化。

表面处理往往是在施工完的材料上面覆盖纸巾、砂子或石粉，从而防止黏轮。诸如乳化沥青及热施工类材料以骑缝方式施工完成后，材料往往会突出路面，尤其需要进行黏轮。

（1）交通控制及安全。无论是流动施工还是固定作业，都应事先控制好交通，给全体施工人员提供一个安全的工作环境。

交通控制一般按照交通管理法规来进行即可，不过有必要事先对路段进行调查，以事先制定防范措施并确定需要的相关设备。在交通密度较大路段进行裂缝切缝、清缝及修正外露填缝料时，应安排专人执旗进行防护。

除交通安全外，工人还应注意材料及仪器的安全操作，施工时应穿工作服并戴帽子，佩戴其他防护设备。

（2）切缝。沿着裂缝开一条凹槽，主要是为正在开裂和即将合拢的裂缝提供一个充足的空间，使填入裂缝中的填缝材料免于受到过分的拉、压应力的作用及车辆荷载对其的破坏。特别是，对于那些预计由于气温变化而产生大水平位移的裂缝（主要是针对横向裂缝）必须进行开槽填缝修补，以适应因水平位移而使填缝材料受到的应力。

当然，对于较细的微缝和未成熟的裂缝（缝宽小于6mm），随着气温的改变，这类裂缝还有合拢的可能，再开槽填缝则不太合理，也不经济。故针对这类裂缝可采取不开槽填缝，省去这一步"开槽"工艺，直接进入第二步"裂缝的清理和干燥"工艺，再用流动性和渗透性更好的乳化沥青或改性乳化沥青进行填缝。

对于那些无或少水平位移裂缝（主要是针对纵向裂缝）的填缝修补，若还想节约成本和省去开槽时间，亦可以考虑不开槽。对这类裂缝不开槽填缝修补，虽不如开槽填缝修补，但其效果也较好。而如果进行裂缝填封是为了应急或施工环境条件非常恶劣，按永久性修补工艺过于耗时或无法实施时，可考虑采取应急性（即临时性）修补工艺，省去开槽工艺，甚至再省去第二步工艺，直接采用适于应急修补的材料（改性乳化沥青）对破损裂缝进行填缝修补。但是对于那些较宽的成熟裂缝（缝宽大于 6 mm），条件允许的话，最好是将破损裂缝开槽后修补。因为只有开槽到适当宽度时，才能顺利地将填缝材料填入裂缝底部，增加填缝材料与裂缝壁面间的接触面积，提高其黏结性能，使填缝材料不易脱出，延长填封裂缝的寿命。

对裂缝进行开槽处理，可以将不坚固的、松散的壁面材料移走，同时还可将裂缝中的松散碎屑、旧料，杂物切削出去，露出一个坚实的、整齐的裂缝壁面，这非常有利于填缝材料的应用，有利于提高填缝材料与裂缝壁面材料间的黏结性能。

裂缝预切缝是路面封填缝施工中最慢的一个环节，需要用到刨槽机械或电锯，事前应检查上述施工设备是否满足要求，上述许多设备都能机械设置或电子设置切缝深度，操作前设置好切缝深度。

大多数切缝设备都会造成路面的破损，因此需要高效的刨槽机械或电锯，以保证切缝槽与原路面裂缝保持一致，且尽量减少对周围路面的多余损伤，切缝后的缝槽应为矩形。

应事先调整好机械，以保证获得所需的缝槽深度，切缝过程中保证切缝机精确地沿着裂缝走向前进，防止漏切。

对于出现次生裂缝的裂缝，切缝时应慎重考虑，因为如果主缝、次缝都切的话，往往会破坏沥青路面的整体性。此时应视两条裂缝的间距而定，如果次缝与主缝之间的距离超过 300 mm 应两缝都切；如果二者之间的距离比 300 mm 要小，次生裂缝不应进行切缝，只应对其进行清理、封缝。

（3）清缝即将缝槽内的杂物清除干净并使缝槽干燥，从而使缝槽达到施工的最佳状态。它是施工中最重要的一个环节，因为如果缝槽内有杂物或潮湿的话，很容易导致填缝料与缝壁的黏结失败。可以通过以下五种方式来对裂缝进行清缝。

①高压吹风。高压吹风不能产生热量，对裂缝的干燥作用不大，因此此操作只适用于裂缝缝槽完全干燥及周围环境温度高于4℃的环境，此外，许多吹风机都会产生水滴或者漏油，因此施工时最好选择有油或水分过滤装置系统的吹风机，以防油或水分侵入缝槽，影响填缝料与缝壁的黏结。应选用能够持续、高压、大容量吹风的设备，推荐最小气压690 kPa、最小风量0.7m³/s的设备。

具体操作时，应至少对裂缝缝槽吹风两遍。第一遍，将缝槽内杂物及松的碎片吹出，吹风口离裂缝距离不小于50 mm；第二遍，彻底清除裂缝缝槽内杂物及灰尘，此时吹风口尽量离路面要远一些，以创造大的吹风空间，此操作后应紧跟裂缝填封操作，以防新的灰尘及碎片侵入缝槽。

适合裂缝处在干燥状态（无须移走潮气）、气温较高（无须再加热裂缝壁面）的较理想施工条件下采用，而不适合裂缝处于潮湿状态、气温较低的较恶劣施工条件下裂缝的清理和干燥。

②高压热吹风。与高压吹风不同，高压热吹风使用环境更广，不仅适用于条件良好的环境，而且适用于不利的环境，用来干燥、加热缝槽，比如吹干隔夜露水引起的缝槽潮湿，加热温度低于10℃的裂缝，增强填缝料与缝壁的连接，然而不适用于下雨或路面过于潮湿的环境。

此操作需要配有喷枪且能够加热空气的高压吹风机，该仪器能有效地去除缝槽内的灰尘碎片及浮浆。吹风加热时，应注意不要烧伤沥青路面，且设备应具有滤油及水分的系统，防止二次污染缝槽。

与高压吹风操作一样，此操作包括两步：第一步，喷枪位于缝槽上部50 mm处，紧跟裂缝，清洁并加热缝壁（注意不要过度加热，且如果需要骑缝填缝的话，还需要加热周围路面），适度加热后，路面颜色稍微变黑，而过度加热后的路面表现为颜色明显加深且表现为粗糙结构。第二步，彻底清除脱落的裂缝颗粒。

此项操作后应紧跟裂缝填封及封缝操作，这样不仅可以防止灰尘及碎片重新吹入干净的裂缝，而且可以尽可能保温及减少裂缝内水分的聚集，二者之间的时间间隔越短，填/封缝成功的可能性就越大。进行此操作时，严禁使用火焰直接加热喷枪。

在裂缝处于干燥状态下进行填缝修补，其寿命为潮湿状态下填缝修补的2～4倍；而在施工气温较高（大于5℃）时，填封裂缝获得的寿命通常比施工气温较低（小于5℃）时更长一些。

因此，裂缝的清理和干燥这一步工艺在整个施工过程中显得最为重要。通过这一步工艺，可为下一步填缝材料的应用提供一个彻底清洁、完全干燥及具有适当壁面施工温度的裂缝，以此来大幅提高填封裂缝的使用寿命。

③喷砂处理。喷砂能够有效地去除裂缝壁上的碎片、浮浆及松的路面碎片，能够使缝壁干净、致密，从而有利于填缝料的黏结，不过需要相对多的人力。

喷砂操作一般在干燥天气下进行，且喷砂机随后往往须紧跟一台高压吹风机，以清除灰尘、碎片。

具体操作时，使喷嘴对准缝槽的一边，保持空气及喷出的砂子正对裂缝的一边，喷嘴保持与裂缝100～150mm的距离，以保证最佳的清洁效果而不损伤缝槽的整体性。

喷砂机包括空气压缩机部分、喷砂机、软管及喷杆，空气压缩机应至少能提供690kPa的气压及0.07m³/s的空气容量，以保证喷嘴气压至少为620kPa，喷出的空气过滤掉潮气及油气，推荐软管内径为25mm、外径为6mm的喷嘴。

④钢丝刷扫。机械、自动的刷毛机与高压吹风机搭配一起适合清扫干燥、浮浆少的裂缝，且清除的浮浆应为脱落滞留在裂缝底中的浮浆，却不适合清除缝壁上的浮浆及碎片。机械刷子上面应附有毛刷，上面的毛应柔韧适当，既能够深入裂缝当中，又能够移除灰尘及碎片。操作时应紧跟裂缝，后面应有高压吹风机清除浮尘及碎片。如切缝机一样，大多数机械刷毛机都能控制深度。

⑤高压水喷。

（4）准备阻隔材料、填缝料及封/填缝等的应紧跟裂缝清缝、缝操作后进行，以确保缝槽干净、整洁。

①安装阻隔条。有时裂缝需要预先在一定深度安装阻隔材料，防止填缝料流到裂缝底部。推荐安装方法如下：

a.调整阻隔材料安装工具至合适的深度，此深度应比要求的深度略大，因为阻隔条安装后会产生压缩。

b.取出足够长度的阻隔条。

c.将阻隔条一段插入缝槽的一端。

d.将阻隔条沿缝塞入，塞入过程中不应将阻隔条拉紧，更不应扭转，使其保持松弛状态。

　　e. 从末端开始将阻隔条塞入规定的深度，进行此操作时应时，常检查其松弛部分，进行适当修正。

　　f. 检查一遍，确保其合适的深度，如果有不合适的部位，用安装工具进行修正。

　　g. 切断阻隔条，确保每段材料封 / 填部位没有出现缺口。

　　h. 如果缝槽宽度比阻隔材料要宽，应在缺口部位补填阻隔条或更换更大尺寸的阻隔条。

　　②准备填缝料。填缝料往往需要以下 3 个步骤来准备。

　　a. 将材料置于填缝机罐中。

　　b. 加热至合适的温度。

　　c. 搅拌，保持连续均匀的加热。

　　填缝时的最佳条件为路面干燥，气温不低于 4℃。对于热施工材料，如果使用加热吹风设备的话，施工条件可适当放宽，如前所述的气温较冷及路面潮湿的状态。许多乳液类材料可以在低于 4℃条件下进行施工，不过应避免雨中施工，因为雨水会将材料冲走。

　　准备热灌性材料的过程中，应注意以下两个温度：①推荐施工温度：喷嘴喷出的材料温度，此温度下材料性能最好。②最高加热温度：在不破坏材料化学组成情况下，材料所能承受的最大温度。

　　热灌改性沥青类材料推荐施工温度一般为 188 ~ 200℃，一般热沥青为 140 ~ 160℃，除了一些纤维沥青类材料为 138 ~ 160℃，乳化沥青通常在环境温度或稍微加热到 52 ~ 66℃下施工。

　　材料加热前，操作者应明确该材料的最高加热温度及超过该温度加热及过度加热带来的问题。通常，热灌性材料最高加热温度比推荐加热温度要高 11 ~ 17℃，而过度加热带来的后果要视具体材料而定，一些材料会变稠，而另外一些材料会变稀，无论上述哪种情况发生，都要将材料废弃，重新加热新的材料。

　　其他需要考虑的问题有：材料的延长时间加热及再加热，大多数热施工材料都有 6 ~ 12h 的延长加热时间，并且都能再加热一次。在上述两种情况下，如果可能的话，都应补充新的材料，以延长施工时间。

　　沥青加热设备使用前应去除内壁上累积的碳化物，此外，所有的温度计量设备都应重新用准确的温度计进行校准，校准时应量测加热设备内的温度及喷嘴处的温度。可以用手持红外温度计简单地测量裂缝内的填缝材料、空气及路面的温度。

热灌性材料最初加热时应注意：提前加热，以保证施工时的材料供应。导热油温度应不超过材料安全温度 28 ~ 42℃，具体按照设备生产商规定来定。材料温度必须比推荐浇注温度略低。加热时应开动搅拌器。乳液类材料施工前应进行搅拌，以使材料达到均匀一致状态。

③封/填缝。一旦填缝料达到规定的温度并且已经有几条裂缝准备好之后，就应进行填缝。施工中应注意以下五点：

a. 确保填缝料维持在规定的施工温度，且温度不会过高。

b. 确保加热容器内材料准备充分。

c. 应将体积合适的填缝料倒入缝槽中进行填缝。

d. 填缝料加热容器操作者应注意材料的推荐施工温度及安全加热温度，上述两个温度一般在材料容器上都会标出。

e. 要维持材料温度一致不变会相当困难，尤其是在寒冷环境下；加热温度过低会导致黏结力不足或堵塞住机器撒布口，从而中断施工。过度加热，会影响施工后填缝料性能或中断施工。

调节温度加热控制系统使材料温度达到规定的施工温度（或尽可能接近规定施工温度，而不超过安全施工温度）。经常检查填缝料温度并及时进行调整。观察加热容器壁上碳化物堆积并目视材料黏稠度的变化。间断性检查加热容器内材料的多少。

对于大多数材料来说，不管用什么容器，填缝操作基本相同，都会用到有压力的填缝机。一般情况下，能够自由流动的材料都应该倒入缝槽内，用量应稍微过量。

大多数材料施工步骤如下：灌入填缝料时，应用喷嘴从缝槽底部灌入，防止气体封闭在内。灌缝时，操作应连续不中断。对于材料凹进的灌缝方式，应将材料灌至合适的高度，对于平缝填、盖帽填或骑缝填，应保证材料充足饱满。如果裂缝某段材料凹进去或上次操作材料量不够，应在该部位重新灌入材料。空闲状态下，应使灌缝棒内材料与加热容器内材料循环流动，防止材料冷凝在灌缝棒内。

为了确保裂缝凹槽处在最清洁和干燥状态，这一步应紧跟着上一步工艺（即裂缝的清理和干燥）进行，尽可能缩短清缝期与填料期的时间间隔，减少裂缝再被弄脏的可能。填装填缝材料时，首先将储料罐中存放的填缝材料通过泵吸或气压的方式，将其卸出储料罐，然后通过专用的填缝料喷洒杆，将料适量填装入裂缝中或裂缝上，形成所预期的填缝结构型式。同时，要求填缝材料填装结构形式一致、均匀，并应从底部向上填装，避免有气泡出现影响填缝修补质量。裂缝填装时，应连续不断，确保填缝材料充满裂缝凹槽。若填缝材料凹陷进裂缝中或用量不够时，应重新再填料进去。对于裂缝填封结构形式，推荐采用方槽贴封式和浅槽贴封式；而对于不开槽填缝，可考虑采用无槽贴封式和无槽帽封式。

在完成填缝材料的准备和填装这步工艺过程时，应注意始终保持路表面的清洁，减少潜在的碎屑、杂物进入裂缝，避免出现填装质量问题。

（5）清理仪器。一天施工结束后，应将填缝料喷洒系统内的热集料清理出来，此外，如果所用集料为一次加热集料，还应将储存罐内集料移除，随后使用溶剂将系统内的剩余集料冲洗干净。施工中最好控制好集料加入量，使施工完成后罐内剩余尽可能少的集料。

当集料为能再次加热集料时，可以将喷洒系统中的材料吸回罐内或用空气吹出，随后用溶剂冲刷干净。

当使用溶剂时，操作者应确保溶剂不会污染填缝料，一般仪器操作指南上都有清洗储存罐及喷洒系统的详细步骤。

（6）外部材料封边修整，应事先准备好相关工具，如刮刀等。刮刀最好做成"U"形或"V"形，紧贴在裂缝的上方摊成约3 mm厚的带形。这一步成型工艺，还可以将部分溢出裂缝的填缝材料压迫入裂缝中，除成型需要的一部分材料外，可擦去表面多余材料。

操作时应注意以下三点：

①操作时，刮刀紧跟喷嘴，如果材料流动性好，二者距离可适当拉大，使材料稍微冷却，以便塑型。

②操作时，应使刮刀沿着裂缝中心线前进。

③操作一段时间后，应将刮刀上累积的集料清除干净。具体操作时，可选择明火加热。

（7）撒布保护材料。有些填缝材料施工结束后应撒布保护材料，以防未冷却填缝料出现黏轮或溜滑问题。

常用保护材料有卫生纸、滑石粉及矿粉。上述材料应在填缝料施工完成后立即撒布，以便其黏结在材料上，提供短期内的覆盖，特别是对乳化沥青或改性乳化沥青作为填缝材料的，若其破乳固化时间较长，为缩短开放交通的时间，此步工艺更为重要，但要注意材料不应撒布过多。

对于乳化类材料及沥青膏也可选用砂子，将砂子均匀地撒布一薄层，保证全部覆盖暴露在外的材料。

（二）贴缝

当灌缝修补失效后，裂缝进一步开裂，裂缝边缘出现了一定程度的破损，如不及时处理，裂缝将会在水和荷载的作用下迅速扩大化，很快就发展为严重的坑槽。为有效防治水损坏，宜进行及时贴缝处理。采用贴缝带处置裂缝时，一般采用以下施工工艺。

（1）将路面裂缝用钢刷沿裂缝来回轻刷，将松动部分刷掉，用吹风机沿裂缝及两侧 20 cm 范围内清理干净。

（2）当裂缝较宽时，可先用灌缝材料对裂缝进行灌注，注意灌注的材料不要高出路面及宽于裂缝太多，以免影响平整度及粘贴效果。

（3）用宽刷蘸取专用黏剂沿裂缝均匀涂刷，以裂缝为中心线，宽度略宽于贴缝带，黏剂要尽量均匀、平顺，两端长于裂缝 3 ~ 6 cm。取出贴缝带，剪取长度等于裂缝长度的一段（粘贴过程中会拉长），揭去隔离纸（当气温低于 10℃时要用喷灯对黏贴面烘烤加热 10 ~ 20 s），用宽刷将专用胶黏剂均匀涂于揭于隔离纸一面的贴缝带上。

（4）根据气温及风力情况待 3 ~ 5 min，用手指轻触路面及贴缝带刷胶处，觉略黏手指时将贴缝带从裂缝一端碾压粘贴，直至覆盖整个裂缝。碾压粘贴时，不要将空气压在贴缝带于路面之间而形成气泡。粘贴时，要沿裂缝尽量顺直，有弧形时要在贴缝带弧形内侧剪角对齐粘贴。

（5）最后用橡胶锤沿贴缝带均匀敲击，尤其是贴缝带边缘，以便使其粘贴牢固。

（6）粘贴完毕，即可开放交通，但要指挥车辆匀速行驶，车辆轮胎的柔压可使贴缝带粘贴得更加均匀牢固，但是应避免车辆在贴缝处制动。

（三）全断面切挖填补缝

在贴缝施工后，裂缝处的水损坏得到了有效的控制，但随着时间的推移，在光照、水损坏、车辆载荷等因素作用下，贴缝带逐渐失效，出现了更加严重的裂缝病害。针对该程度的病害，宜进行全断面切挖填补，主要施工工艺过程归纳为以下六大步。

1. 开槽

首先确定路面破损部分的边界和深度，划出开槽修补轮廓线（正方形或长方形），每边至少应进入完好路面 100 mm（即挖去路面松散、破碎的旧料直至坚实部分），并沿划好的修补轮廓线开挖坑槽，开槽深度至裂缝开裂最低端，要求成型的坑槽壁面应尽可能保持与路平面垂直，坑槽底部平整、坚实，最后将挖掉的旧料刨出坑槽。

2. 坑槽清理和干燥

为了使修补材料与坑槽壁面和底面具有良好的黏附性，坑槽壁面和底面必须彻底清理出水分、灰尘、松散颗粒和其他残余物，使坑槽彻底清洁并完全干燥。未清洁和干燥的坑槽壁面和底面会导致其与修补材料的黏附性能下降，易造成坑槽壁面接缝破损或修补材料整块脱落，而使修补坑槽失效。所以，为保证修补坑槽的有效性和耐久性，提供一个彻底清洁、完全干燥的坑槽是关键。

3. 涂黏结层

通过喷涂的黏结层来浸润坑槽内表面裸露出的石料，以此来提高修补材料与原有路面材料间的黏结效果。当然，这时要求喷涂的黏结层材料必须与旧沥青混合料中的石料相容性好。

4. 修补材料的准备和摊铺

在开始进行填补缝之前，修补设备必须提前启动，并装载修补所需的各种材料，如黏结层材料、预先拌好的大粒径透水性沥青混合料，而且使各种修补材料保持所要求的使用温度。

修补材料备好后，可通过自动卸料装置（更多的是采用螺旋输送器），将料卸入待修补的坑槽中。然后采用人工摊铺的方法，用整平板将修补材料均匀地摊铺整平。注意在摊铺料时，应缓慢、均匀、连续，尽量避免材料的离析。

5. 填补材料的压实

在对填补材料进行压实时，通常首先压实坑槽边缘的修补材料，使其填入坑槽中，再压实中间的修补材料，并连续不断地向边缘移动压实，且每次应重叠压实一定宽度。这种压实办法不仅使坑槽边的料不会掉落出坑外，而且还有助于将坑槽内的修补材料向四周挤压，使其与原有路面的壁面压紧。

6. 封边修整工作

对修补材料压实完成后，为了提高坑槽边缘新旧料接缝的耐水性和黏结强度，可对其进行封边处理。封边材料可以是热沥青或热改性沥青，通过专用的喷洒杆将封边材料均匀、连续地喷洒在新旧料接缝上，再用"U"形或"V"形橡胶棍将封边材料塑型为无槽贴封式的结构形式，只是其厚度可以再薄一些，而宽度不变。为了防止封边材料出现轮印或引起溜滑问题，可以在其上均匀地、薄薄地覆盖一层干净的砂或石屑，对其加以保护。通过撒砂处理，可加快封边材料的凝固，增加路表面的抗滑能力。

封边修整工作完成后，应采取自然冷却的办法，待表面修补材料温度低于50℃后方可开放交通。

四、施工质量评价

（一）裂缝填封再破损原因

对于沥青路面填封裂缝再破损（裂缝填封失效）最基本的判定标准应是：水能通过填封裂缝渗入路面结构层中。已填封裂缝在使用过程中，封填材料会出现一些表面破损，如冒泡、突起、轮迹、石料嵌入、风化以及磨损等。虽然这些表面破损会引起封/填料性能的下降，但是这时填/封裂缝仍然能够起到防止水渗入路面结构的作用。所以，还不能将这些表面破损当作裂缝填封失败（即填/封裂缝再破损）看待。而真正能造成水渗入路面结构的有以下三种填/封裂缝再破损。

（1）填缝料脱出：填缝料与裂缝壁面之间失去黏附性，在外力的作用下，很容易从裂缝中脱出，使填/封裂缝失去防水能力。填缝料脱出可能是由于材料和工艺两方面原因造成的。

①填缝材料黏附性不强。因填缝材料与裂缝裂面旧料之间的相容性较差，两

者之间形成不了较强的黏附力，或者由于填缝材料的根着性（即渗透性）较差，填缝时未能根深蒂固地渗入裂缝壁面旧料孔隙与微缝中，不能牢牢地楔入和锚固在裂缝壁面上，产生不了较强的黏附力。而填缝料自身的黏结力也会影响其与裂缝壁面之间黏附性，若其自身的黏结力不高，则其黏附性也不会很好。由于填缝料与裂缝壁面之间黏附力不足，填封裂缝在剪切应力、拉伸应力及动水压力作用下，两者很容易脱开，在车轮形成的真空吸力及其他外力作用下，填缝料便会从裂缝之中脱出，而使填封裂缝失效。

②填缝材料的高温稳定性较差。若填缝材料高温稳定性不足，则裂缝中的填缝料在高温环境下会变软甚至出现流淌；受车辆荷载形成的压缩应力作用，或受裂缝不断合拢趋势的作用，填缝料很容易被挤出或溢出裂缝，车辆驶过裂缝，便会被车轮带走，而使填缝料逐渐从裂缝中脱出，使填封裂缝失效。

③裂缝壁面未处理好。裂缝壁面未按要求将松散的、破损的壁面材料清除掉，裂缝填封后，裂缝壁面与填缝料间将很容易脱开。如果填封裂缝前，裂缝壁面未彻底清洁干净或壁面仍然潮湿，则将大大影响裂缝填封材料与裂缝壁面之间的黏结效果，造成两者易于脱开。而环境温度对填缝料的黏附性能影响很大，若填 / 封裂缝时施工温度过低，则会使填缝料黏结性下降，渗透能力减弱，这将同样会造成填缝料与裂缝壁面易于脱开。所以，裂缝壁面未处理好，将造成裂缝壁面与填缝料间黏附性能下降，在外力作用下，填缝料很容易脱出，而使填 / 封裂缝失效。

（2）裂缝中的填缝材料出现断开、破裂后，也会使填 / 封裂缝失去防水能力，而造成填 / 封裂缝失效。填缝料出现断裂，主要是由于其自身的材料性能不佳引起的。

①填缝材料黏结力不足。沥青路面裂缝中的填 / 缝材料在车辆荷载反复作用下，将处于拉、压应力应变交叠变化的状态。若填缝材料黏结力不高，则在交变应力应变的作用下会产生疲劳断裂；或者填 / 封裂缝受到重载车辆的作用，使裂缝中的填缝料受到很大的拉应力作用，当此拉应力超过填缝料自身的抗拉强度，填缝料便会被拉断而形成新的裂缝，丧失了原填 / 封裂缝的防水能力，即造成填 / 封裂缝失效。

②填缝材料低温抗裂性能较差。若裂缝中的填缝材料低温抗裂性能较差，则在低温环境下，其抗变形能力不足。此时，填缝料在拉应力应变的作用下或在

拉、压交变应力应变作用下，很容易被拉伸断裂（或称脆断开裂），使填/封裂缝失效。

③二次开裂。二次开裂是指在原有裂缝附近又产生一条与之平行开裂的短裂缝。水会通过二次开裂形成的短裂缝渗入沥青路面结构中，从而造成填/封裂缝失效。产生填/封裂缝二次开裂的主要原因是填缝材料自身的弹性和延展性较差。若裂缝中的填缝料弹性和延展性不足，即其较硬而没有延展性，特别是在其延展性不足时，填缝材料不能有效消解其受到的应力，而将应力传递给填/封裂缝附近的路面材料。若裂缝附近某处的路面材料抗拉、抗压能力较差，则会在该处产生新的裂缝，使填/封裂缝失效。

（二）材料性能评价

针对沥青路面裂缝密封技术要求，借用现有试验规程的试验方法，采用的检测方法如下。

（1）高温稳定性。裂缝密封的抗高温软化性可通过采用环球法测其软化点来评定。一般软化点越高，修补材料的抗高温软化性越好；但软化点并不能全面反映软化温度。因此借鉴已有的成果，此外还可进行流动度指标试验。

（2）抗裂延伸性。采用测力延度和弹性恢复指标反映材料抗裂延伸性能。

（3）黏附抗脱性。可以通过材料针入度试验和相容性试验间接反映，但还不够全面。

（4）低温抗裂性。裂缝填封的抗低温脆裂性可采用脆点试验，也可采用弯曲梁流变仪试验进行验证。

（5）抗硬物嵌入性。可使用弹性复原率试验来反映热修补材料的抗硬物嵌入性能。

（6）抗老化性。可通过测定原样材料与旋转薄膜烘箱老化后的残留材料，以及经旋转薄膜烘箱老化后又经压力老化的残留材料之间各项主要性能指标下降的幅度来评定。

上述各项评价指标都是彼此独立的，有些指标（比如高温稳定性和低温抗裂性）还相互对立，同时满足所有的评价指标是非常难的。裂缝密封要求满足哪几项指标，应结合裂缝具体的填缝时机、气候条件以及裂缝的类型来确定。比如在南方热带地区，裂缝填封的评价指标应突出对抗高温软化性的检测；而在北方寒冷地区，应强调对抗低温脆裂性的评价；在潮湿多雨地区，应提高裂缝填封黏附性的要求。

（三）施工效果评价

1.定量评价

测量设备除交通控制设备外，还需要测量长度的测量仪器。事前应选取一条不短于150 m 的试验段进行检测，当该试验段检测后，后续检测时应优先考虑该试验段。通常路段因处治类型、填缝料或填缝程序而划分为不同路段，1 年应至少检测 5 段不同的路段。

裂缝处治失败率可以通过量测失败裂缝长度，然后将裂缝总长度除以此长度来得出。

裂缝失败一般为黏结失败，从而导致外界水分从该处进入路面内部。通常利用不锋利的刀子或薄刮铲来辅助确定裂缝填缝料内部开裂或填缝料与路面连接处开裂的深度。

测定裂缝填封有效率时，测量裂缝长度应精确在 300 mm 内，如果需要量测裂缝宽度时，应精确在 2 mm 内。

根据一段时间观察后，可以绘出裂缝填封有效率与时间的示意图。当填缝有效率降到 50% ~ 75% 时，就应考虑重新进行养护。

2.定性评价

定性评价通过目测裂缝，记录下裂缝破损的类型。破损形式通常为全深度开裂、填缝料脱出、二次开裂、坑槽、异物残留等。

异物（石头或碎片）残留按严重程度分为以下四类：①无异物残留：在填缝料上部无石头或碎片黏结、嵌入在上面。②严重程度低：偶尔有石头或碎片黏结或嵌入在填缝料上面。③严重程度中等：有石头或碎片黏结在填缝料上面、一些碎片深深嵌入填缝料里面或者碎片嵌入填缝料与缝壁结合面，但未完全嵌入。大量的石头及碎片黏结在填缝料上面或深深嵌入其中或者碎片嵌入填缝料与缝壁结合面，并完全嵌入其中。④碎裂：根据碎裂、破碎裂缝边的长度，沿每条裂缝边量测碎裂的长度及严重性，必要时可进行拍照。

五、适应性评价

选择各项裂缝处置技术时，需根据裂缝的形状、程度选择合适的填缝形式，并充分考虑各种填缝技术的优缺点，选择合适的填缝时间和填缝方式。

（一）开槽形式

对于沥青路面出现细小、不规则、难以直接灌入填缝材料的裂缝，一般沿着裂缝开一条凹槽，使填入裂缝中的填缝材料免受过分的拉、压应力及车辆载荷的作用。特别是因温度变化而产生较大水平位移的裂缝（横向裂缝），必须进行开槽，以适应水平位移而产生对填缝材料的应力。开缝尺寸以裂缝宽度和严重程度为依据，开槽宽度应达到将裂缝破损的松散壁面材料切割掉，直至露出坚实的部分为止，然后确定一个适当的开槽宽深比。

一般开槽的宽深比为 1 ：（1.2 ~ 1.5）。当采用硅酮等高性能密封胶时，可取 1 ：（1.5 ~ 2.0），此时应在槽底加背衬。背衬的直径应比槽宽大 25%，槽深应大于 2 倍的背衬直径。例如，12 mm 宽的槽，采用直径为 15 mm 的背衬，开槽深度为 35 mm。

（二）施工季节

灌缝失效的最主要表现是密封胶与裂缝两壁未能牢固黏结，除了与密封胶技术性能、清槽是否彻底有关，还取决于施工时的环境温度。一般而言，选择春秋季节干燥天气进行修补。环境温度处于年平均温度 5 ~ 15℃时，裂缝的宽度为一年中的平均宽度，因此，在春秋季节施工，既有利于将灌缝材料灌到最深，可以填充足够的材料；又有利于选择灌缝材料，并使灌缝材料与路面材料更好地黏结成一体，保证灌缝质量。

多数情况下，灌缝一年之内任何时间都可，但比较好的灌缝季节是偏凉的季节（2 ~ 13℃），这时裂缝开缝较大，可以填入足够的材料。在冬季，灌缝时采用浅槽无贴封式结构最好。因为在冬季填缝，材料受到的温度应力最大，而裂缝开槽越宽，填入的填缝料也越宽，消解应力的能力也越强，所以浅槽无贴封式结构在冬季的失效率最低。在春季，采用贴封式结构效果最好。除了槽内填缝材料对裂缝的保护外，紧贴在裂缝上方的填缝材料也起着封闭裂缝的作用，并保持有效地防止路表水渗透到基层中，从而延长了填封裂缝的使用寿命。

第三节　坑槽修补技术

一、坑槽修补材料

为了提高沥青路面坑槽的修补质量，特别是考虑修补的耐久性，防止重复性维修，应尽量采用物理性能、力学性能和化学性能都较好且适宜的集料，以及黏结性、延展性、感温性、耐老化性及酸性都较佳且恰当的沥青结合料，制备成具有高性能的坑槽修补材料。

选材时，除了保证集料和沥青结合料自身质量，还必须考虑集料与沥青结合料、沥青结合料与改性剂之间的相容性，同时还要考虑拌制而成的沥青混合料与原有沥青路面材料的相容性，才能够确保修补材料的质量及坑槽修补的耐久性。坑槽修补示意图如图 3-3 所示。

图 3-3　坑槽修补示意图

国内常用的材料一般分为热拌沥青混合料、喷补料、沥青混凝土预制块、常温乳化沥青混合料、冷拌冷补沥青混合料。

（一）热拌沥青混合料

热拌沥青混合料是经人工筛配的矿质混合料与黏稠沥青在专门设备中加热拌和而成，并在热态下进行填料和压实的混合料，通常被称为"热拌热补沥青混合料"。

热拌沥青混合料是在热铺、热压下进行修补施工，其修补质量好、耐久性高，修补后的路面可以承受重载交通，故常被用作坑槽破损的永久性修补材料。这种材料适合于路面坑槽面积较大又相对比较集中的情况。同时，热拌沥青混合料技术成熟，通过开槽、吹缝、填补、压实等一系列程序，填补材料能与原路面紧密地结合。

对于热拌沥青混合料，采用的结合料应为重交通沥青或经改性的沥青，由不同的聚合物改性沥青作结合料，可以制成橡胶类、树脂类或热塑性橡胶类改性沥青混合料，而现在大部分高性能专用修补料皆为特殊配方的改性沥青混合料。

生产修补沥青坑槽热拌沥青混合料的方法有三种：第一种是在沥青混合料拌和场用拌和机生产出成品混合料，再运到养护现场；第二种是在养护现场使用小型可移动式拌和机或综合养护车生产出成品沥青混合料；第三种是在养护现场支锅加热拌和沥青混合料。

第一种方法能够切实保证沥青混合料的质量，但生产成本较高，且不适合远距离养护作业。第二种方法比较实用，但不可能每个养护班都配备一台小型移动式拌和机，且这种机器缺少定型产品，许多是养护部门自行研制，使用性能和可靠性很差。使用综合养护车修补坑槽是一种较好的养护工艺，但该车造价很高，很难在点多面广的公路养护部门全面配备。第三种方法环境污染与劳动强度较大，沥青混合料的级配及油石比不易严格控制，影响施工质量。这三种方法还有一个共同的缺点，就是受施工季节影响较大，沥青混合料在气温较低时不易压实。

（二）喷补料

喷补料是将最大粒径为 9.5mm 的单一尺寸的矿料与 60℃ 的乳化沥青，经专门的喷补设备同步喷射入坑槽中，当矿料喷入坑槽时被同时喷出的乳化沥青很好地裹覆，而形成的一种无须摊平、碾压的混合料。这种方法形成的坑槽修补料，是美国的一项专利技术，其较多地用于日常修补和应急修补。喷补料实质上属于冷拌沥青混合料的一种，只是两者成型的工艺不同。

（三）沥青混凝土预制块

沥青混凝土预制块是将良好级配的矿质混合料和黏稠沥青用专门的设备加热拌和，再将拌好的松散混合料投到钢模中，用压力机将其压实成具有一定压实度和尺寸规格的板块状修补料。在对破损坑槽进行修补时，必须按照沥青混凝土预制块尺寸规格的倍数进行放样、开槽、底层补强整平，再将预制块平整地铺设在坑槽内。此种坑槽修补方法，前期工作较多，开槽的尺寸要求非常严格，且对不同大小坑槽的适应性较差。

（四）常温乳化沥青混合料

常温乳化沥青混合料是相对于热拌沥青混合料而言的，它是将级配矿料与乳化沥青按照一定的配合比拌和而成的一种材料，一般称为乳液型常温混合料。常温乳化沥青混合料可在室温下装袋或入库储存随取使用。

（五）冷补沥青混合料

冷补沥青混合料是近些年来出现的一种新型坑槽修补材料，胶结料主要为溶剂油稀释沥青或在其中添加冷补添加剂，此混合料适用性强，常温下具有一定的疏松性和黏结性，施工不受温度、季节限制，甚至可以在 –30℃以上作业，可以铺筑 2 ~ 3 cm 的薄层，也可适合 5 ~ 10 cm 的较深的坑槽修补，可用于高等级公路坑槽的修补，也可以用于一般性的道路养护。

采用高性能的专用冷拌沥青混合料（即改性乳化沥青混合料）修补坑槽破损，不论施工气温的高低，其寿命相差不大。而在坑槽处于潮湿状态时，修补坑槽的平均寿命都超过 1 年，较普通冷拌沥青混合料的平均寿命增加 2 ~ 3 倍。所以，采用改性乳化沥青混合料作为坑槽修补材料，最适宜在较低气温条件下或坑槽处于潮湿状态时进行坑槽修补，其效果更加明显，性能发挥更突出；而在较温暖气温条件下及坑槽处于干燥状态时，其修补性能无明显优势，且远不如热拌沥青混合料采用永久性修补工艺修补坑槽的效果好。

二、坑槽修补方法

综合国内外坑槽填补方法，常用且效果较好的一般有热补法、喷补法、热再生法、常温修补法、低温修补法五种。

（一）热补法

其修补工序是，首先用破碎工具铲除需补部位旧路面，然后喷洒沥青黏结层，填充新的热拌沥青混合料，并摊平、压实，此方法受温度、湿度因素影响较大，一般只能在 5 ~ 10 月进行路面修补，在寒冷地区，每年 1 月至次年 4 月不能进行施工，此方法优点是修补质量好、耐久性高、修补后的路面可以承受重载交通，但不适用在潮湿、低温的环境下施工。热料与冷路面温度相差较大，存在一个结合面，有冷接缝；需要较多设备，如切割机、压路机、运输机等，费时费力；废料需要清除，不利于环保。

（二）喷补法

喷补法是美国的专利施工技术。这种方法利用高压喷射方式，将乳化沥青经过喷管与输送来的集料相混合，通过控制喷管上的乳液、集料和压缩空气三个开关，把混合料均匀，高速地喷洒到坑槽中，达到密实黏结效果，无须碾压，并不需沥青混凝土拌和厂配合，且不受气候变化影响。但它不能随取随用，实质上也属于冷拌沥青混合料的一种。

（三）热再生法

其修补方法是先将高效热辐射加热板放置到待补区域，使得旧沥青路面软化，然后耙松被软化的沥青旧料，喷洒乳化沥青使旧料现场再生，补充新沥青混合料拌和，并摊铺、压实。这种方法可对旧料进行现场再生利用，减少了环境污染、资源浪费，降低了维修成本，进行修补作业时不受气候变化影响，但此方法填补前，坑槽内沥青混合料已经老化，且事先不知道坑槽内沥青混合料的油石比及集料级配，仅凭经验添加新的沥青混合料，填补后性能影响较大。

（四）常温修补法

近些年，国内使用一种能够在5℃以上气温时全天候使用，可以储存，便于运输和修补工艺更易于掌握的修补材料——常温沥青混合料。常温混合料是一种以乳化沥青为结合料，预先加热拌和、贮存、常温下使用的沥青混合料，一般选用乳化沥青及改性乳化沥青。

（五）低温修补法

此方法是用一种新型的修补材料，即冷拌冷补沥青混合料。此种材料可以在常年冻土地区和季冻地区用来修补坑槽，其特点是不分季节、气候，可以储存，随用随取。冷补沥青混合料弥补了其他材料不能在低温情况下修补的缺陷。国外的冷铺沥青混合料大多是采用不同规格的稀释沥青或乳化沥青，通过与适当的矿料级配拌和而成；在国内，对冷补沥青混合料的开发比较晚，大约在20世纪90年代初，国内才逐渐着手开发冷补沥青混合料，胶结料主要采用稀释沥青。

三、施工设备及工艺

沥青路面坑槽修补质量的好与坏，除了与修补材料的性能有很大关系，还很大程度上取决于坑槽修补的工艺过程、工艺要求是否合理、正确。好的、精细的修补工艺会使修补坑槽的寿命得到极大的提高，对于坑槽修补工艺的确定，更多的是根据施工的实际要求和条件来确定的。

（一）应急法

填料式坑槽修补是一种临时性坑槽修补方法。它是在对坑槽内散料、杂物进行简单清理后，直接填放沥青混合料，碾压成型的方式。该方法维修时间短、维修设备简单，适合于雨季、冬季等不利季节的坑槽修补以及出现大量坑槽时的养护抢修。

（二）热补法

主要施工工艺过程归纳为以下六大步：坑槽的成型、坑槽的清理和干燥、涂黏结层、修补材料的准备和摊铺、坑槽的压实、封边修整工作。

1. 坑槽的成型

在对沥青路面局部破损修补前，应将破损处开槽成型。首先确定路面破损部分的边界和深度，按"圆洞方补"原则，划出大致与路中心线（即行车方向）平行或垂直的开槽修补轮廓线（正方形或长方形），每边至少应进入完好路面300 mm（即挖去路面松散、破碎的旧料直至坚实部分），并沿划好的修补轮廓线开挖坑槽，要求成型的坑槽壁面应尽可能保持与路平面垂直，坑槽底部平整、坚实，最后将挖掉的旧料刨出坑槽。将形状不规则的局部破损开挖成与行车方向一致的正方形或长方形坑槽，除因为这种形状的坑槽整齐、美观外，主要是因这样更利于提高车辆路面行驶的平顺性和舒适性。

当然，如果对坑槽破损的修补是为应急（如在交通高峰期）或施工环境条件非常恶劣（如低温或雨后），按永久性修补工艺过于耗时或无法实施时，为防止坑槽破损进一步扩大及考虑行车的安全，可采取高生产率的应急性（即临时性）修补工艺，省去"坑槽成型"这道工艺，直接进入第二步"坑槽的清理和干燥"工艺，有时第二步工艺也可能省去，直接对破损坑槽进行填料修补，甚至不做充分压实。当然，这时的坑槽修补大都采用冷拌沥青混合料作为修补材料。一般情况下，等到下一次维修时再考虑安排（或人为创造）较理想的（如气温较高或干燥）的条件下，用热拌沥青混合料作修补材料，对此坑槽进行永久性修补。

对破损坑洞进行开槽处理，可以将坑洞内不坚固的、松散的壁面材料移走，同时还可将坑洞内的松散碎屑、旧料、杂物开挖出去，露出一个坚实、整齐的坑槽壁面和一个稳定、平整的坑槽底面，这非常有利于修补材料的摊铺及修补材料用量的确定，也有利于提高修补材料与坑槽壁面材料间的黏附性能。特别是坑槽壁面与路平面垂直，对修补材料与原有路面间的充分融合相嵌非常有益，并可大大提高修补材料的压实效果，使修补坑槽获得更高的强度和承载能力。

坑槽的成型通常是利用路面破碎机、混凝土切割机或路面铣刨机等设备。用路面破碎机开挖坑槽，效率较高、使用灵活，但是噪声较大，操作人员劳动强度高，且形成的坑槽边缘参差不齐，还易使周围路面材料被振松，坑槽底面的平整性不易得到保证。当然，可同时借助切割机，开槽前先沿划好的修补轮廓线切割出一个整齐的割缝，再用破碎机将坑槽内旧料松散、破碎。而用路面铣刨机（包括卧式的和立式的）开槽是一种较好的方法，其不仅效率高，而且不易对坑槽周边路面材料造成破坏，坑槽壁面较为整齐，更主要的是，其开槽的深度能获得保证，坑槽底面也较平整。

2. 坑槽的清理和干燥

坑洞中或多或少都有一些水分、灰尘、碎屑和杂物，只不过开过槽的坑洞内（特别是坑槽壁面上）水分、碎屑、杂物减少了许多。所以，开过槽的坑洞清理和干燥起来相对容易一些。为了使修补材料与坑槽壁面和底面具有良好的黏附性，坑槽壁面和底面必须彻底清理出水分、灰尘、松散颗粒和其他残余物，使坑槽彻底清洁并完全干燥。未清洁和干燥的坑槽壁面和底面会导致其与修补材料的黏附性能下降，易造成坑槽壁面接缝破损或修补材料整块脱落，而使修补坑槽失效。所以，为保证修补坑槽的有效性和耐久性，提供一个彻底清洁、完全干燥的坑槽是关键。

清理坑槽一般采用压缩空气、空气吹或手动工具清扫等方法，较有效和省力的方法是前两种。其中压缩空气可以很有效地吹走坑槽中的灰尘、碎屑、杂物和少量水分，而热空气吹还能将一些潮气、水分蒸发掉，使坑槽干燥。人工清扫是作为一种辅助手段，将较大块的破碎料及其他不易吹出的残余物清理出坑槽。

为了使坑槽完全干燥，同时使坑槽壁面和底面材料能被加热软化，应采用某种加热装置和方法。通过对坑槽的加热，可以使新旧料间的接缝不再是冷接缝，而是热接缝，并促进新旧料间的相互嵌挤和融合，提高坑槽修补的耐久性。并且利用加热装置对坑槽加热，可使坑槽的修补不受潮湿、低气温的限制，只要不下雨，就能随时进行修补作业。一般将坑槽壁面和底面材料加热至 $140 \sim 160℃$，5 cm 深处加热至 $70 \sim 80℃$ 较为适宜，同时最好使加热区域比坑槽外轮廓宽 $10 \sim 15$ cm，以确保碾压时修补材料能与原有路面材料很好融合。

常见的路面加热方法有红外线辐射加热、明火加热、热空气（即燃气）加热。红外线辐射加热是依靠辐射传热的方法将热量传递给坑槽壁面材料的，其热源本身的温度很高，为了不致烧坏原有路面的沥青混合料，加热板与路面要保持一定距离，而且必须采用间歇加热方法。由于红外线辐射加热深入性有限，因此对于较深坑槽的加热，可能会出现坑槽上部材料过热而坑槽底部材料加热却不足的情况。明火加热大都是用丙烷喷灯或喷燃器所喷射的强烈火焰直接加热坑槽壁面和底面的材料，此方法虽然使用非常灵活方便，但其加热火焰温度过高（接近 $1200 \sim 1300℃$），存在烧焦坑槽壁面材料的危险，故不主张采用。热空气（燃气）加热，则是利用燃烧器将燃料点燃产生热空气，并用鼓风机将热空气吹送到被加热坑槽内，利用热空气提供对坑槽内表面材料的对流传热，但热空气的温度为 600 ~ 800℃，仍可能会造成被加热坑槽壁面材料的过热和老化。

国内有研究者提出一种低温接触加热的方法，即让一个保持 180 ~ 240℃的热压头伸至坑槽底部，直接与坑槽壁面和底面相接触，来加热和软化旧沥青混合料。这种加热方法对坑槽壁面和底面材料都能同等温度加热，且加热温度不高，不会对坑槽内旧料的性质产生影响，只起到干燥、软化坑槽壁面和底面的作用。

不论是施工气温高还是低，不论采用临时性修补工艺还是永久性修补工艺，在坑槽处于干燥状态下进行坑槽修补，其寿命为潮湿状态下坑槽修补的 3 ~ 6 倍；而且总体来说，施工气温高比施工气温低的坑槽修补寿命更长（2 ~ 3 倍），采用永久性修补工艺要比临时性修补工艺的坑槽修补寿命更长。特别是利用热拌沥青混合料，在施工气温较高时，采用永久性修补工艺对完全干燥的坑槽进行修补，其寿命最长（达到 4.41 年）。

可以说，坑槽的清理和干燥（包括加热）这一步工艺在整个工艺过程中显得最为重要。通过这一步工艺，可为下面工艺（包括黏结层的喷涂、修补材料的摊铺）提供一个彻底清洁、完全干燥及具有较高壁面温度的坑槽，以此来大幅提高修补坑槽的使用寿命。

3. 涂黏结层

沥青路面坑洞破损部分通过破碎机或铣刨机开槽成型后，在坑槽壁面和底面上可以看到裸露出的石料断面，石料的断面是光的，已没有了黏结沥青。若这时直接填入级配良好、油石比恰当的修补材料，因坑槽壁面和底面石料缺少黏结材料，会使修补材料与原有路面材料间的接缝处油石比偏低，造成新旧料间黏附性不强。所以，在给坑槽中摊铺修补材料之前，应先向坑槽壁面和底面上薄薄地、均匀地喷涂一层黏结材料。通过喷涂的黏结层，来浸润坑槽内表面裸露出的石料，以此来提高修补材料与原有路面材料间的黏结效果。当然，这时要求喷涂的黏结层材料必须与旧沥青混合料中的石料相容性好。

热沥青、热改性沥青、乳化沥青及改性乳化沥青都可作为坑槽壁面的黏结层材料。只是对于采用永久性修补的热拌沥青混合料，应以热沥青、热改性沥青为黏结层材料；而对采用应急性修补的冷拌沥青混合料，涂黏结层这步工艺可以省去。黏结层材料与裂缝填封材料的准备方式一样，不同类型黏结层材料，其备料方式是不同的。

对于黏结层材料的喷涂，一般是采用泵吸或气压的方式，将其从储料罐中排出，通过专用的沥青喷洒杆，将黏结层材料均匀地喷涂在坑槽壁面和底面上。一般要求黏结层材料喷洒量为 0.4 ~ 0.6 kg/m²，喷洒量不能过多，不允许在坑槽底部有黏层油堆积，否则会使坑槽修补后易出现泛油现象，而且还会使新旧料间的黏结效果下降。

涂黏结层对沥青路面坑槽修补耐久性的提高是非常重要的。在完成这步工艺过程中，应注意始终保持路表面及坑槽内的清洁，避免可能的灰尘、碎屑和杂物进入坑槽中，造成黏结层被弄脏、污染，影响新铺修补材料与原有路面旧料的黏结效果。

4.修补材料的准备和摊铺

在开始进行坑槽修补前，修补设备必须提前启动，并装载修补所需的各种材料，如黏结层材料、沥青结合料、集料或预先拌好的沥青混合料，其装载量应至少满足正常工作日的坑槽修补需求量，而且使各种修补材料保持所要求的使用温度。

坑槽修补设备的组成完全依赖于修补材料的选择。坑槽修补的一种供料方式是将沥青结合料和集料现场拌和，其形成的混合料就地用于修补中。这种供料方式虽然使修补材料制备量易于控制，但是这样不仅会使修补设备变得庞大而复杂，而且其现场拌制的修补材料中矿料级配和油石比都得不到准确控制，造成修补材料性能质量不佳，影响坑槽修补的效果。而另一种供料方式较为简单，采用预先拌好的修补材料，其具有良好的级配和恰当的油石比，性能质量较为稳定、可靠。

对于永久性修补工艺来说，坑槽修补材料大多数采用热拌沥青混合料，故需要有具备保温、加热功能的混合料保温箱对其进行储存，一般储存时间不宜超过72 h。修补材料备好后，可通过自动卸料装置（更多的是采用螺旋输送器），将料卸入待修补的坑槽中，然后采用人工摊铺的方法，用整平板将修补材料均匀地摊铺整平。注意在摊铺料时，应缓慢、均匀、连续，尽量避免料的离析。对于铺设热拌沥青混合料来说，其料的摊铺温度应提高一些。一般修补坑槽的用料量很少，修补材料填入坑槽后，料温会下降很快，为保证下一步工艺中修补材料具有较高的压实温度，必须将摊铺的料温再提高一些，一般可将修补材料的摊铺温度设为 165 ~ 170℃较合适。对于新建沥青路面，混合料摊铺温度和压实温度过高，会造成料的严重推移，使较大吨位的压实无法进行。而坑槽修补与新建沥青路面不同，大部分修补材料都在挖好的坑槽内，高温压实时不怕修补材料产生推移，反而修补材料的推移还有利于促进新旧料间的嵌挤、融合，提高坑槽修补的质量。混合料摊铺示意图，如图3-4所示。

图3-4　混合料摊铺示意图

沥青混合料分层压实的厚度不得大于10 cm，这是针对新建路来讲的，因有大吨的压路机，其最大压实厚度可大些。但是对于坑槽的修补，大多利用小型振动压路机、平板夯等，其压实功率较小，最大压实厚度会有所减少。对于坑槽修补时所进行的分层摊铺分层压实，还是以坑槽的深度为依据更恰当和准确。所以，一般要求当坑槽深度大于4～6 cm时，可考虑分层摊铺和压实，这样较易于保证坑槽内修补材料的密实度及修补后坑槽的承载能力。

对于坑槽修补的投料量（或称松铺量）的确定是非常重要的。投料量既要充足亦要准确，一般刚填完后应稍微高出路面，保证经充分压实后，坑槽修补部分正好与原有路面保持在同一高度上。以往投料量都是凭经验来确定，而实际上，坑槽修补的投料量不仅与坑槽的几何尺寸有关，而且与修补材料的级配类型、矿料配合比、沥青用量、各组成材料种类，以及修补后坑槽的预期压实度有关。可对坑槽修补的松铺量进行分析和计算。通过预先测定好修补材料的理论最大密度，确定预期的压实度及测量坑槽尺寸，便可准确地计算出坑槽修补的投料量（质量）。所以，可借助一个称量装置，将修补材料计量后，再投入坑槽中进行摊铺、整平，经过充分压实后，便可以获得密实度和平整度都能得到保证的修补坑槽。

5. 坑槽的压实

将定量投入坑槽内的修补材料摊铺、整平后，必须再对修补材料进行充分的压实。只有通过正确、充分的压实，才能使修补材料中裹覆了沥青的矿料颗粒相互嵌挤，最终达到一个稳定的密实结构，获得一个较佳的空隙率，增加修补坑槽的密实性，不仅可以提高修补材料的抗压强度和承载能力，防止修补坑槽在车辆荷载作用下产生沉陷、松散等破损；而且还可以使修补材料的空隙率达到3% ~ 5%的最佳范围（即压实度达到修补材料理论最大密度的95% ~ 97%），使水分和空气不易进入修补材料内部，提高了修补坑槽的耐水性和耐老化性。然而，坑槽如果未被充分压实，则很容易引起修补材料松散和脱落，造成修补坑槽过早失效。

在对坑槽进行压实时，通常首先压实坑槽边缘的修补材料，使其填入坑槽中，再压实中间的修补材料，并连续不断地向边缘移动压实，且每次应重叠压实一定宽度。这种压实办法不仅使坑槽边的料不会掉落出坑外，而且还有助于将坑槽内的修补材料向四周挤压，使其与原有路面的壁面压紧。压实装置的压实头应稍小一些，最好不要超过坑槽的尺寸。压实头小一些，还有利于增加压实应力，提高压实效果。若坑槽尺寸比压实头还小，可能会使修补材料不能完全压入坑槽内，造成修补坑槽表面略高于原有路面。

在温暖季节施工，热修补材料温度下降较慢，其有效压实时间较长；而在寒冷季节，热修补材料温度下降较快，有效压实时间大大缩短。所以，应提高压实效率，在要求的温度范围内尽快将修补材料压实到需要的密实度。

常用的压实装置主要有小型振动平板夯、小型振动压路机和手扶式振动碾。不论是哪种压实装置，都是依据振动压实原理设计制造的。振动压实是一种较好的压实方法，被压实的沥青混合料之所以能变得密实，是由于在输入振动能量的激励下，混合料颗粒间发生相对运动而减少了内摩阻力和黏结力，同时在垂直压力的作用下使裹覆了沥青薄膜的矿料颗粒相互嵌挤重新排列，并将混合料空隙中的空气排出，从而使材料变得更加密实。但是，振动压实所作用的垂直压力很短暂，在滚压过被压材料后，这种压实作用就消失了，来不及将混合料空隙中的空气（特别是沥青薄膜封住的那部分空气）完全挤出，而未挤出的空气会恢复自身的体积而保持颗粒间的空隙。因此，振动压实必须有足够大的振动能量和垂直压力，以及经过多遍的碾压过程，才能逐渐挤出混合料空隙内的空气，并减少颗粒间的空隙，使材料达到所要求的密实程度。但是，用于坑槽修补的压实装置质量和振动能量都较小，很难使修补材料达到与原有路面相同的压实度。

国内有人提出一种新的压实方法——静力热压法，即修补材料在较高温状态下依靠长时间的静压力作用使混合料一次性达到要求的密实程度。作为修补材料的热拌沥青混合料，在高温（160～165℃）状态下，其黏结材料沥青具有良好的润滑作用且黏度下降许多，可以有效地减少矿料颗粒间的内摩阻力和黏结力，再借助较长时间的静压力作用，使混合料空隙内的空气（包括被沥青薄膜封住的那部分空气）更多地被挤出去，从而大幅度地减少了混合料颗粒间的空隙，使矿料颗粒排列更为紧密，很快使修补材料达到所要求的压实度。由于热拌沥青混合料在高温状态下具有较好的流动性，因而采用静力热压法，还有一个好处就是通过静压力作用可以产生较大的、长时间的侧向压力，使修补材料更好地与坑槽壁面材料挤压嵌合在一起，进一步提高了坑槽修补的质量。

一般沥青混合料的压实温度对压实度的影响非常大，当压实温度在80℃以下时，碾压的效果已不明显，而提高压实温度可以明显增加压实效果、提高压实效率，沥青混合料在高温状态时，可用较小的压实功率获得较高的压实度。所以，对于坑槽的修补，可以采用较高的压实温度（160～165℃），以获得更有效、更好的压实，同时亦满足静力热压法对修补材料的温度要求。

6.封边修整工作

对坑槽内修补材料压实完成后，为了提高坑槽边缘新旧料接缝的耐水性和黏结强度，可对其进行封边处理。坑槽修补的封边材料与裂缝填封材料类似，可以是热沥青、热改性沥青（用于采用热拌料的永久性修补），也可以是乳化沥青和改性乳化沥青（用于采用冷拌料的修补），并通过专用的喷洒杆将封边材料均匀、连续地喷洒在新旧料接缝上，再用"U"形或"V"形橡胶混合料，将封边材料成型为无槽贴封式的结构形式，只是其厚度可以再薄一些，而宽度不变。为了防止封边材料出现轮印或引起溜滑问题，可以在其上均匀地、薄薄地覆盖一层干净的砂或石屑，对其加以保护。通过撒砂处理，可加快封边材料的凝固，增加路表面的抗滑能力。

对于用热拌沥青混合料填补维修的坑槽，应采取自然冷却的办法，待坑槽表面修补材料温度低于50℃后方可开放交通。坑槽压实和封边如图3-5所示。

图 3-5 坑槽压实和封边

（三）热再生法

该修补方法是先将高效热辐射加热板放置到待补区域，使旧沥青路面软化，然后耙松被软化的沥青旧料，喷洒乳化沥青使旧料现场再生，补充新沥青混合料拌和，并摊铺、压实。这种方法可对旧料进行现场再生利用，减少了环境污染、资源浪费，降低了维修成本，进行修补作业时不受气候变化影响。

热再生法的一般步骤如下。

1. 清理坑槽

把坑槽内的杂物清理干净，并将坑壁和底面的松散粒料清除掉，然后用吹风机将坑槽内的灰尘、小颗粒等吹干净。由于红外线不能透过积水（水迹除外）对沥青混凝土路面加热，且浅色物体（如水、雪）对红外线的吸收效果不佳，即依靠红外线对水进行蒸发速度很慢，因此坑槽内的积水必须先用拖把吸干。

2. 热烘路面

养护修补车具有加热设备（红外线加热板），可以根据热烘范围（热烘面积要在坑槽实际边缘向四周扩大 30 cm 以上）将养护修补车的加热板放下，使其底面距路面 4 cm 左右，对路面进行 5 ~ 10 min 加热，直至路面温度达到 140℃以上，使路面能用铁耙耙松即可。

3. 路面耙松

移开加热板，用铁耙将加热软化的沥青混凝土表面耙松、耙匀。耙松范围要在热烘范围内，一般内缩 5 ～ 10 cm（即在耙松范围周边保留 5 ～ 10 cm 的热烘带）以保证接缝为热接缝，同时耙松面应成矩形，增加美观。在耙松过程中，要剔除松料中大粒径集料以及明显烧焦老化的沥青混合料。

4. 添加新材料

根据耙松沥青混合料的性能和数量，喷洒沥青再生剂，并添加一部分新的热沥青混合料（如果新料温度不足，可以将其摊在旧料上，用加热板对其再次加热）用推平板推匀，合理控制松铺系数，并形成合适的横坡度。

5. 碾压密实

用振动压路机进行碾压，先碾压边缘再依次向中间推进，使修补面与周边已加热但未耙松的路面融为一体。碾压后压实度要求大于 95%。

6. 撒布石粉

在修补表面均匀撒布一层石粉，该石粉要求与填补材料中的石料相同，目的是减小修补面与原路面的色差，增强美观，另外还可起到加速冷却表面的作用。

热烘式热再生修补法的难点是如何将原路面需要再生的结构层均匀地加热至合适的施工温度。合适的温度是再生质量好坏的关键，如果温度过低，那么路面难以翻松，根本就无法进行再生；如果温度过高，那么路面将会过度老化，温度太高会烧焦路面。另外，由于在现场加热旧沥青路面，施工容易受气候的影响，寒冷季节不宜施工；要使用专用机组进行作业，设备投资较大。

该方法大多依靠红外线加热进行加热，它是依靠加热板发出的红外线直接在物体深层产生热量，而并不是依靠物体本身传递热量，这样避免了加热后路面温度随厚度变化大，导致表层沥青混凝土温度过高老化，而深层沥青混凝土温度却不足的现象发生，不会造成表面着火、离析、剥离。但由于红外线不能透层加热，对于多层沥青混凝土面层不能一次同时加热，必须加热一层，挖开一层沥青混合料，裸露下一层，再加热，这样热烘式坑槽修补方法对多层损坏路面不适宜，修补效果也不佳。另外，红外线加热的适宜深度为 6 ～ 8 cm，因此热再生法修补适合于沥青混凝土路面表层浅坑槽的维修。

同时应用此方法时，坑洞内的旧料已严重老化，失去了其原有的级配和油石比，仅凭经验再添加一定量的黏结沥青和新料，而新旧料的掺配比例不准确、拌和不均匀，是不可能确定准修补材料的实际用量和保证修补材料的性能质量。虽然经过碾压后坑洞修补表面很平整，坑洞内新旧料间无明显接缝，但是其压实度得不到保障，材料性能不佳，故采用热再生法最终获得的坑洞修补质量不可靠，耐久性会较差。

（四）喷补法

喷射式坑槽修补技术是利用自动坑槽修补车进行路面坑槽机械化修补的新工艺，它是利用自动坑槽修补车自带的鼓风机喷出的高强空气流实现对坑槽内部的清洁，利用喷管喷射的沥青混合料直接填补坑槽，节省了大量人力和时间，提高了维修效率。

喷补法包括以下步骤。

1. 清洁坑槽

利用大容量的鼓风机喷出的高强空气流直接将坑槽内残留的松散粒料、杂物以及积水吹出坑槽，形成洁净的坑槽维修面。

2. 喷洒黏层油

在坑槽四边及底部喷洒一层黏结剂（一般为热的乳化沥青黏层油），喷洒应均匀，不能有空白，也不能过多流淌。

3. 喷射沥青混合料

通过喷管将沥青混合料持续喷射到坑槽内。喷射时，从底层逐渐喷到表面，通过喷射压力，实现混合料的压实，这样喷射完成的修补面无须再进行碾压。为了保证维修效果，沥青混合料采用的黏结料为乳化沥青，集料通常采用的是6.3 ~ 9.5 mm 的单一粒径的洁净碎石。

4. 喷洒石屑

外部用一层薄石屑均匀覆盖。

5. 开放交通

施工完成后，尽可能快地开放交通。此方法上部撒布集料后不需进行压实。

（五）常温修补法

近些年，国内外竞相研制能够全天候使用、修补工艺更易于掌握的修补料——常温拌和沥青混合料。该方法一般多用于应急性修补，所用冷拌沥青混合料无须保温和加热，其材料一般可袋装、桶装或不带保温加热功能的混合料箱装载，若密封得好，储存时间可超过 10 d，甚至 1 个月。

常温修补法施工工艺如下。

（1）在坑槽处放样，确定作业面，用切缝机在坑槽周围切缝，刨出多余的混合料。如没有切缝机，可用人工刨出规整的作业面。作业面要与路面纵向平行，槽壁要垂直。

（2）彻底清扫坑槽，使槽内、槽壁无尘土、杂物。

（3）为使常温混合料与原路面结合良好，应在坑底槽壁上刷黏层油，黏层油量一般为 $0.3 \sim 0.5 \, kg/m^3$ 乳液。

（4）将常温混合料在坑槽内均匀摊铺整平，松铺系数一般为 1.1 ~ 1.3。深度大于 4 cm 的坑槽要分层铺筑压实。

（5）用振动夯板将混合料夯实。如没有振动夯板，可用 6 ~ 8 t 压路机压实，至乳液均匀上浮为止。

（6）碾压后，为防止初期松散并能及早通车，可以在作业面上撒适量矿粉或石屑，以吸收水分，加快混合料成型。

（六）低温修补法

采用冷补沥青混合料进行路面坑槽修补是道路维修技术的一大进步。我国对冷补技术的认识是在国外材料供应商进入中国市场，大力推销其冷补技术产品之后开始的。低温修补法具体施工工艺如下。

（1）按照坑槽大小，将坑槽刨成两边平行于路中线的外接矩形，将坑底及侧壁清理干净（也可用切缝机先切缝，再刨出多余部分的混合料）。

（2）用汽油喷灯将坑底及侧壁烤干。

（3）刷黏层油。用刷子蘸热沥青将坑槽底部及侧壁均匀地涂刷热沥青（如无热沥青，可将沥青块置于槽内用锤子砸碎后，用汽油喷灯烤化）。

（4）向坑槽内填入低温混合料，并用耙子整平。

（5）用压实设备将低温混合料碾压成型。

（七）施工工艺优选

现在国内外的坑槽修补施工工艺多种多样，效果各异，结合深入的研究及多年来总结的经验，得出最能有效保证坑槽修补效果且经济的修补方法为热补法，同时考虑资源节约和环境保护的理念，热再生修补方法能充分利用挖出的废料，并有效保护了环境。

热界面理念主要是解决坑槽修补时填补料与坑槽壁的黏结不良问题，在影响界面黏结的诸多因素中，除了黏层沥青本身的黏结性能外，界面温度也是一个非常重要的因素，而热界面的坑槽修补理念恰恰有效地保证了界面温度，从而有效保障了界面黏结。

热接缝理念主要是控制坑槽填补完成后的接缝耐久性，冷接缝导致修补后材料的温缩变形差异，引起接缝黏结不良，容易发生水损坏，在动水的作用下，进一步发生啃边，演变成更大的坑槽。

热再生理念主要着眼于国家建设"资源节约型"和"环境友好型"社会的总体构想，努力实践节约资源，保护环境的使命。在修补坑槽再生材料的利用过程中，热再生技术相比冷再生技术耐久性更好，更具有技术优势。

四、施工质量评价

（一）坑槽修补后再破损原因分析

1. 坑槽修补料变形

坑槽内已成型修补料经过车辆荷载的反复作用后，过早地产生车辙、拥包、沉陷等变形破坏，使修补坑槽失去了平顺道路和恢复路面表面功能的作用，造成行车不稳和剧烈颠簸。坑槽修补料变形主要是由于材料不佳和施工不良两个方面原因造成的。

（1）修补料的高温稳定性较差，当已成型的修补料压实度足够时，其在行车反复作用下产生的压密永久形变是有限的，一般仅为其厚度的 8% 左右。若修补料类型选择不恰当，或其各组成材料的性能不佳（如集料表面过于光滑、沥青结合料的高温性能差等），或级配不良、沥青用量不合理，则会造成修补料的高温稳定性不足。在夏季及气温高于 25℃ 的高温条件时，就很容易产生较严重的剪切永久变形，且随着温度的升高和荷载的加重，已补坑槽的修补料永久变形越大，则变形破坏越严重。

（2）修补材料的强度不足，除了修补料自身性质不佳造成其材料成型后的强度不足外，更主要的原因是在修补坑槽时，对修补料的压实不够充分。修补料压实度不足，会使其材料的空隙率较大，这不仅使部分集料可能悬浮在沥青胶浆中不能形成很好的嵌挤作用和较大的摩阻力,而且会造成沥青与集料间的黏聚力减弱,这样便引起坑槽内已成型的修补料强度和承载能力不足。在车辆荷载的作用下,使修补料很容易产生较大的压密永久形变和较大的剪切永久形变,使已修补坑槽破坏。

2. 修补材料松散及二次坑槽

坑槽内部分已成型修补料从坑槽表面掉粒、散落,而使已补坑槽出现松散破损。如果松散破损不及时加以维修,则会使已补坑槽内的修补料产生新的小坑槽,即在已修补过的补块上又产生新的坑洞,可将之称为"二次坑槽"。这类已补坑槽出现再破损主要由于材料性能不佳及施工质量较差所造成。

(1)修补材料的耐水性较差,如果修补料中黏结沥青与集料间的黏附性及抵抗水对沥青置换作用的能力较差。或沥青结合料用量偏小使集料表面裹覆沥青很薄时,则在水的侵蚀(即水力冲刷和孔隙压力)作用下,使坑槽内修补料中沥青膜很容易从集料表面脱落,并产生掉粒和松散等破坏,当其严重时,便会从修补料表面向下扩展形成小的坑洞。如果修补料空隙率较大,则其透水性将增加,特别是当空隙率大于8%时,透水性增加很快。所以,空隙率大的修补料防水能力较差,使路表水很容易渗入坑槽内修补料中;同样,在水的侵蚀作用下,使已成型的修补料强度和承载能力降低,在车辆荷载作用下使其出现崩解,大块破碎料被行驶车轮带离,在已补坑槽中产生新的坑槽。

(2)修补材料压实度不足。坑槽修补料被充分压实不仅对提高沥青与集料间的黏附强度起一定作用,而且可大大降低修补料的空隙率,使修补料的防水性能(即耐水性)大为增强,避免其遭到水损坏。而如果修补料未被充分压实,或对深坑未做分层压实,将会使坑槽内修补料透水性增加,造成严重的水损坏,形成松散破损进而产生二次坑槽破损。

3. 修补材料泛油

已补坑槽内修补料出现泛油(即沥青从修补材料内部和下部向上移动使表面有过多沥青的现象),将使修补材料原先优良的表面构造深度(即宏观粗糙度)显著减小,材料表面摩擦系数大为降低,而以表面构造深度和摩擦系数表征的表面抗滑性能可能达不到要求,使已补坑槽失去恢复路面表面功能的作用,造成行车安全性降低。修补材料产生泛油现象除了其在大量重载或超载车辆作用下进一步压密导致的沥青浸出外,主要是由于修补料的自身组成材料性能不佳、级配不良及油石比偏大造成的。

（1）修补材料中黏结沥青的高温稳定性较差。如果修补料中沥青的高温黏度越大、劲度越高、与石料的黏附性越好，其相应的抗高温变形能力越强，在重载或超载作用下，便不容易从修补料中浸出。但是，若修补料中的黏结沥青高温稳定性不足，则其在高温环境下会变软甚至出现流淌，在车辆荷载形成的压缩应力作用下，黏结沥青很容易被挤出或溢出，在已补坑槽的表面形成一个发光、发亮的油层，造成已补坑槽的失效。

（2）修补材料油石比偏大。在修补料的组成设计时，确定的沥青用量偏多、填料（即粉料）偏少；或在修补料的制备过程中，沥青结合料用量不准、拌和不均匀；或在填补坑槽时黏层沥青喷洒量过多、不均匀，都可能造成已补坑槽内局部修补料油石比偏大。在车辆荷载作用下，特别是在高温天气，在已补坑槽内修补料表面会很快产生泛油现象，使已补坑槽产生表面损坏。

4. 坑槽壁面接缝破损

已补坑槽壁面接缝出现破损，将使壁面接缝失去防水能力，造成路表水很容易渗入坑槽内修补材料中，加快了坑槽的整体破坏。坑槽壁面接缝破损主要是由于施工不良和黏层沥青性能不佳造成的。

（1）坑槽壁面未处理好。坑槽壁面在修补前未能按要求将松散的、破损的壁面材料清除掉，造成填补坑槽后，其壁面接缝抗拉、抗剪能力及防水能力不足，在车辆荷载、水侵蚀及温度应力的综合作用下，壁面接缝很容易产生开裂和局部破损。如果在涂抹黏层沥青前，坑槽壁面未彻底清洁干净或壁面仍然含湿、含水，则将严重影响黏层沥青与坑槽壁面的黏结效果，造成壁面接缝失效。而施工温度对黏层沥青及修补料的黏附性能影响很大，若修补坑槽时施工温度过低，则会使沥青结合料的黏结性下降，新、旧料间的黏聚力降低，同样会引起坑槽壁面接缝过早破损失效。所以，坑槽壁面未处理好或未把握好修补时机，将使坑槽壁面接缝很容易出现破损。

（2）黏层沥青性能不佳。如果坑槽壁面涂抹的黏层沥青的黏附性、高温稳定性和低温抗裂性等性能不佳，将会使已补坑槽壁面接缝在水侵蚀作用下，在夏季及高温环境下或在冬季及低温天气，很容易产生黏层沥青剥落、溢出或开裂等破坏，导致坑槽壁面接缝的破损。

（二）坑槽修补质量评价

针对沥青混合料的性能评价指标很多，但针对坑槽修补材料及修补工艺的质量评价指标却很少。

1. 密实性

坑槽修补的密实性指标主要是评价修补材料自身及其与原有沥青路面材料间形成整体后的抗压强度和承载能力。坑槽破损处常常是沥青路面承受较大车辆荷载的地方，故填在坑槽中的修补材料承受着较大的压应力。为了恢复甚至提高原有路面的强度和承载能力，并防止修补坑槽产生沉陷、松散等破损现象，坑槽修补材料必须具有较高的密实程度。

对于坑槽修补的密实性，可通过与坑槽修补材料抗压强度和承载能力密切相关的压实度、空隙率两项指标来表征。通常，坑槽修补材料压实度越大，其抗压强度越大、承载能力越强。

2. 黏结性

坑槽修补的黏结性指标主要是用来评价修补材料自身及其与坑槽壁面材料的黏结性能。在车辆荷载作用下，坑槽修补材料及其与坑槽壁面材料形成的接缝承受着拉应力、拉压交变应力的作用。为了使坑槽修补材料与原有沥青路面材料形成一个整体，能有效传递拉、压应力，并防止修补坑槽过早地出现松散及坑槽壁面接缝破损、失去黏结，坑槽修补应具有很好的黏结性。

坑槽修补的黏结性包括修补材料自身的黏结性和修补材料与原有路面材料间的黏结性两方面。故对于坑槽修补黏结性，可通过测定修补材料自身的抗拉黏结强度和修补坑槽壁面接缝的抗拉黏结强度两项指标来确定。坑槽修补的黏结性指标是对修补材料中结合料自身的黏结性、结合料与修补料中集料的黏附性以及坑槽壁面黏结材料黏结性的一个综合反映。

3. 耐水性

坑槽修补的耐水性指标主要是评价坑槽修补材料抗水损坏能力及防渗水能力。当坑槽修补处有路表水（主要是指雨水）时，大量车辆驶过会使修补材料承受着不间断的水力冲刷作用。为了防止水的侵蚀作用造成已修补坑槽再次出现沥青膜从石料表面剥落、修补材料掉粒和松散以及二次坑槽等破损现象，坑槽中的修补材料应具备足够的抗水损害能力和防渗水能力，即具有良好的耐水性。

坑槽修补耐水性的评价包括抗水损坏能力和防渗水能力两方面。修补材料抗水损坏能力可通过静态水浸法测定修补材料中集料与结合料的黏附性等级，以及通过浸水拉伸试验测定浸水抗拉强度来表征。集料与结合料的黏附性等级反映了集料与结合料的相容性及结合料自身的黏附性能，黏附性等级越高，修补材料抗松散和剥落的能力越强；而浸水抗拉强度主要是通过与修补材料的抗拉黏结强度对比，判定修补材料在水的侵蚀下其黏结性能下降的程度，该指标体现了其抵抗水损坏的能力。

坑槽修补材料防渗水能力可通过渗水试验测得的渗水系数来表征。由于坑槽表面修补材料渗水会导致下面层和基层承载能力下降而发生沉陷或二次坑槽，故增加对坑槽修补材料防渗水能力的评定。

4. 高温稳定性

坑槽修补的高温稳定性指标主要是用来评价修补材料在高温条件下抵抗塑性流动变形的能力。在夏季及高温天气，修补材料易受热变软、劲度模量下降，并在车辆荷载作用下很容易产生较严重的剪切永久变形，使已修补坑槽形成诸如波浪、推移、车辙、泛油和黏轮等破损。故为防止修补坑槽在环境温度较高情况下产生上述破损现象，修补材料应具备良好的抗塑性流动变形能力，即高温稳定性。

坑槽修补的高温稳定性，通常可通过测定稳定度和流值来判定，或者进一步通过测定动稳定度来评价修补材料高温抗永久变形的能力。

5. 低温抗裂性

坑槽修补的低温抗裂性指标主要是评价修补材料在低温条件下抵抗脆断开裂的能力。在冬季及低温天气，修补材料易变脆变硬，劲度增大，塑性变形能力降低。为了防止已修补坑槽在环境温度较低情况下产生较大温度应力而形成低温收缩裂缝，坑槽修补材料应具有良好的应力松弛性能和较大的变形适应能力，即具有足够的低温抗裂性。

坑槽修补的低温抗裂性可通过低温劈裂试验（即间接拉伸试验）或低温直接拉伸试验测定低温抗拉强度，或者通过低温弯曲试验测定低温抗弯拉强度来表征。

6. 抗滑性

坑槽修补的抗滑性指标主要是用来评价沥青路面潮湿时以及车辆高速驶过

已修补坑槽表面时的安全性。修补坑槽在使用过程中，在车轮反复滚动摩擦的作用下，集料表面会被逐渐磨光，导致坑槽表面修补材料光滑，尤其在雨季常会因此而酿成车祸。所以，为了防止修补坑槽出现车辆高速行驶时的安全隐患，坑槽的表面修补材料应具备良好的微观构造和宏观构造，即具备较高的抗滑性。坑槽修补的抗滑性可通过对坑槽表面修补材料的微观构造和宏观构造两方面来进行评价。微观构造反映了路面表面或集料被磨光的程度，常利用便携式摩擦系数仪（即摆式仪）测定的摩擦系数来表征；而宏观构造表示路面表面的凹凸程度可利用砂补法测定的表面构造深度来表征。

上述各项坑槽修补评价指标大都是彼此独立的，而且有些指标（比如高温稳定性与低温抗裂性）还相互对立。当然也有个别评价指标（比如密实性、黏结性和耐水性）之间存在一定联系。坑槽修补要同时满足所有评价指标很难，需要满足哪几项指标，应结合坑槽修补的时机、气候条件以及路面的等级来选择确定。比如，在南方热带地区，坑槽修补的评价指标应突出对高温稳定性的检测；在北方寒冷地区，应强调对低温抗裂性的评价；而在潮湿多雨地区，应该重点评价坑槽修补的耐水性。对于大多数坑槽修补材料，只要注意保温或提高施工温度，其施工和易性基本都能满足。平整性反映了修补坑槽恢复路面行车的平顺和舒适程度，对于小面积坑槽的修补，其平整性很容易满足，只是对于较大面积坑槽的修补应考虑其平整性的评价。而坑槽修补的抗疲劳、抗老化性与修补料的选材和用量有很大关系，特别是与修补料中沥青结合料的抗疲劳、抗老化性关系最大。

五、适应性评价

坑槽作为沥青混凝土路面的一类常见、基本的病害，除了夏季雨天、冬末初春是高发季节外，其他季节也都会出现，因此坑槽的维修是全天候的。在坑槽的维修中要综合考虑维修质量（寿命）、维修效率、维修成本以及维修材料配制等因素，针对不同的气候条件及资金、设备等约束条件选取合适的坑槽维修工艺。

（一）正常气候下的坑槽维修

在温暖、干燥的正常天气下进行路面坑槽维修，可采用热补法修补、喷补法修补和热再生法修补。对于坑槽底面或基层有病害（如唧浆、严重松散、开裂等），优先考虑挖补式坑槽修补技术；对于坑槽数量多、维修时间紧的情况，优先考虑喷补法坑槽修补技术；对于沥青混凝土路面表层坑槽（浅坑槽），可以采用热再生法坑槽修补技术。填补材料以热沥青混合料为宜。

（二）冬季低温条件下的坑槽修补

在低温天气下进行路面坑槽修补，可采用喷补法修补、热再生法修补及热补法修补。低温情况下，热沥青混合料的拌和、保温较为困难，从成本效益出发，优先考虑喷补式坑槽修补技术（该设备能现场制备热沥青混合料），其次考虑填料式坑槽修补技术（冷沥青混合料作为填料），最后是热再生坑槽修补技术（考虑低温影响其加热效果和效率）。

（三）下雨季节的坑槽修补

在下雨季节进行坑槽修补，可采用喷补式坑槽修补和冷沥青混合料填料式坑槽修补。其中，填料式坑槽修补应采用优质冷沥青混合料作为填补料，以提高维修质量。

（四）大量坑槽的抢修

当出现大量坑槽时，考虑行车安全，防止病害扩大加大维修成本等因素，必须进行快速维修，要采用维修效率高的修补方式，则优先考虑的是喷补式坑槽修补，其次是填料式坑槽修补。其中，填料式坑槽修补的填补料优先采用热沥青混合料。

第四节 含砂雾封层技术

一、概述

雾封层技术就是利用专用雾封层洒布车在沥青面层喷洒一层薄薄的、高渗透性的改性乳化沥青，以形成一层严密的防水层将路面空隙封闭，起到隔水防渗、保护路面功能的作用。雾封层技术作为一种有效的预防性养护手段，能够封闭路面表面微裂缝，阻止路面表面渗水，防止路面表面松散，延缓原路面沥青老化，降低沥青面层温度和改善路面外观。

含砂雾封层是由以改性乳化沥青或煤沥青基材料、陶土、聚合物添加剂为主要成分的雾封层材料与砂组成的混合料，采用专用的含砂雾封层高压喷洒车，在沥青路面上喷洒形成一薄层，起到封闭路面微裂缝、防止松散石料脱落、阻止水分下渗的作用，并能延缓路面沥青老化，降低沥青面层温度与保持路面抗滑性能，达到显著改善路面外观的效果。

含砂雾封层尤其适用于路面寿命早期使用，它可以以较小的养护成本，达到延缓路面病害的发生和发展、保持路面的良好服务状态的目的，特别适用于通车2～3年、未出现明显病害的高等级或其他新建公路。对于沥青老化较严重的路面，含砂雾封层还可通过自身的还原再生特性对路面老化沥青进行改善，同时显著改善路面外观。含砂雾封层还能有效防水和提高路面抗滑性能，适当粒径的砂子与还原剂混合均匀后高压喷洒到路面，既有还原剂封层和雾封层的优点，又弥补了一般雾封层抗滑性能不佳的缺点，保证了行车安全。

含砂雾封层包括乳化沥青基含砂雾封层和煤沥青基含砂雾封层。

乳化沥青基含砂雾封层是以普通沥青作基质，加入特殊添加剂制成的雾封层材料，由含矿物成分的乳化沥青加入特殊添加剂形成的雾封层材料，干透后呈深黑色，能够有效地补充流失的沥青，达到防水、防油污腐蚀、抗老化等的作用。

煤沥青基含砂雾封层是以煤焦油沥青作基质，加入特殊添加剂制成的雾封层材料，使用时掺入一定量的砂，由煤焦油沥青作基质，并加入矿物填料、表面活性剂和催化橡胶等形成雾封层材料，干燥后形成坚韧、耐用的封层，保护沥青路面不受空气氧化和紫外线辐射的侵害，并达到防水、防油污腐蚀等的作用。

二、材料技术要求

含砂雾封层包括乳化沥青基含砂雾封层和煤沥青基含砂雾封层，两种雾封层原材料主要有沥青基材料、砂和水（必要时）。

其中砂的要求是含砂雾封层可采用石英砂或机制砂。机制砂宜采用专用的制砂机制造，并选用优质的玄武岩生产。

水的要求是含砂雾封层必要时可掺入一定的水，水中不得含有有害的可溶性盐类、能引起化学反应的物质和其他污染物，一般可采用饮用水。

添加剂的主要作用是防止沥青基材料与砂的离析分层、调节干燥时间，并可在一定程度上改善沥青基材料的性能。添加剂的掺加不应对沥青基材料性能产生不利影响。

三、含砂雾封层混合料设计

含砂雾封层的混合料设计，应充分考虑原路面状况、交通量、气候条件等因素，选择适当的雾封层材料，确定材料方案。根据不同需要含砂雾封层可采用单层或双层喷洒。

（一）混合料技术标准

（1）单层含砂雾封层：单层含砂雾封层适用于人行道和自行车道等轻交通量道路，喷洒量为 $0.7 \sim 0.95 \, \mathrm{kg/m^2}$。

（2）双层含砂雾封层：双层含砂雾封层适用于高速公路、国省干线及市政道路等。双层喷洒时，依天气情况在上层风干 $2 \sim 4 \, \mathrm{h}$ 后即可进行。第一层喷洒量为 $0.65 \sim 0.9 \, \mathrm{kg/m^2}$，第二层喷洒量为 $0.5 \sim 0.7 \, \mathrm{kg/m^2}$。

（二）混合料设计步骤

选择工程拟采用的各材料进行混合料的配合比设计。含砂雾封层的混合料设计方法按下列步骤进行。

（1）根据路面类型，选择单层喷洒或双层喷洒。

（2）初选雾封层材料和水的用量，进行拌和，拌和后的常温（25℃）布氏黏度为 1.0 ~ 1.5 Pa·s。

（3）初选砂的用量，掺入上述混合液中，搅拌 30 s，在稳定性试验管中静置 5 min，取上部 1/3 掺砂混合液与下部 1/3 掺砂混合液进行固体残留物的含量检验试验，固体残留物含量差值不大于 15%。

四、含砂雾封层施工设备及工艺

（一）施工设备

含砂雾封层施工采用大型高压喷洒设备。喷洒时，喷洒设备应保持速度和喷洒量的稳定，在整个洒布宽度范围内，应喷洒均匀。小规模施工或局部施工可采用小型手动高压喷洒设备，喷洒时应注意洒布均匀。

设备容器罐容量不宜小于 6 t，由于含砂后，沥青材料与砂容易离析分离，因此容器罐内宜配有相应搅拌装置，以便对材料进行充分搅拌，以保证喷洒的混合料质量。喷洒系统宜配有挡板，防止喷洒过程中材料飞溅。

设备内宜有过滤器对材料进行过滤，防止材料不均匀而阻塞管道或喷嘴，确保喷洒均匀。设备宜有两个液压隔膜泵，在施工中确保工作的延续性。

设备内应配有循环洒布系统，其喷洒管道宜选用金属材质、外螺纹接头喷油嘴。喷油嘴能产生高冲击力的扇形喷雾，喷流角度为 0 ~ 95°，喷雾应分布均匀。

设备工作时喷洒管道应保持畅通。为避免喷雾间的干扰，喷油嘴口部的开口缝中心线与喷油管轴线方向成 10° ~ 15°。

设备喷洒管离地高度为 350 ~ 450 mm 并能予以固定，相邻喷油嘴间距为 200 ~ 400 mm，喷油嘴的喷雾宽度应相互重叠，使同一地点接受两个或三个喷油嘴喷洒的雾封层材料，并不得出现花白条。设备操作流程如下。

（1）开启设备，压力表达到规定值，设备自动放气，检验设备是否正常。

（2）依次打开储气缸压力阀、隔膜泵压力阀、吸料阀和回料阀，开始装料。

（3）从观察口观察装料情况，装满料后进行搅拌，依次关闭吸料阀、回料阀、隔膜泵压力阀和储气罐压力阀。

（4）喷洒时，依次打开储气罐压力阀、隔膜泵压力阀、出料阀、喷嘴控制阀和隔膜泵出料阀开始喷洒。

（5）喷洒完毕，依次关闭隔膜泵压力阀、隔膜泵出料阀、喷嘴控制阀、出料阀、储气罐压力阀。

（6）施工完毕后，清洗设备，启动设备，压力表达到规定值后，依次打开储气罐阀门、水阀、水泵开关、隔膜泵压力阀、出料阀、喷头控制阀，开始清洗，清洗完成后关闭设备。

（二）施工工艺

1. 原路面要求

原路面应具有足够的结构强度，路面破损应维持在较高的技术水平。

2. 施工准备

（1）施工前，应对原路面进行检查，确认原路面满足要求。

（2）材料使用前，须对材料进行检验，必须保持原材料质量的相对稳定。

（3）施工前，应对施工机械进行检查，确保各种施工机械和辅助工具齐备，并保持良好的工作状态；喷洒设备的循环洒布系统、输油管道、油量表等应完好，运转正常。

（4）施工前，应对道路标线进行保护，防止施工过程中材料飞溅，破坏标线。

3. 喷洒施工

（1）施工步骤

①将雾封层材料开封后，使用器具搅拌均匀。

②将搅拌均匀的雾封层材料灌入喷洒设备容器罐内。

③开动容器罐中的搅拌器，中速运转，匀速添加砂。根据不同路面情况确定砂的添加比例，速度约 50 kg/min。砂添加完毕后，将容器盖子盖紧并将搅拌速度设置在最快挡，保持高速搅拌 10 min。混合物充分混合，雾封层材料充分裹覆砂粒。

④关闭搅拌器电源，根据待施工路面宽度，设定喷洒宽度，并选择施工行进方向，调整喷洒设备位置。

⑤确定材料喷洒量、喷洒宽度，确定专用洒布车的作业时速、洒布管的离地高度、喷洒压力、喷流角度和相邻洒布带重叠宽度。一般按实际需要的宽度开启喷嘴数量，喷涂速度为 3.0 ～ 4.0 km/h。

⑥对路面进行试喷。试喷时，要确保喷洒管路畅通；试喷后，材料应均匀分布在路面上。试喷长度一般为 10 ～ 15 m。

⑦试喷完成并确认无误后，进行正式喷洒施工。在喷洒过程中，如仪表有异常或喷洒出现异常应立即停止喷洒，及时纠错。待喷洒设备恢复正常后继续施工。如喷洒过程中有局部不均匀处，应及时补漏。用牛皮纸摊铺在路面上，喷涂完毕并干燥后测量它的厚度。

⑧正常情况下，对于喷洒两层的，喷洒完第一层后干燥 2 ～ 4 h 后即可喷洒第二层。

⑨材料用量应根据当天施工量进行计算，剩余情况时应将设备贮存罐中的剩余料排出，盛放在干净铁桶中，另行处理。

（2）施工后期的维护

①施工完毕后，由专门人员维持后期的交通秩序。

②视天气情况确保施工后路面有足够的养护成型时间。一般在路面干涸不黏试纸时，由专门人员将覆盖在交通标志线上的保护膜揭去后，方可开放交通。开放交通时间应至少保证施工后路面在常温、空气湿度小于 70% 的条件下养护 4 h。

五、含砂雾封层施工质量评价

（一）施工前原材料与设备检查

施工前，必须提供原材料的出厂合格证、检测报告，材料的质量检测应以同一料源、同一出厂批次并运至生产现场的相同规格品种的原材料为一批进行检查。

施工前，必须提供喷洒设备的使用说明书，并对其性能及相关配套设施进行检测，确认是否符合要求。

（二）施工前路面质量检查

施工前，施工单位应将待施工路段的全线以 1 ~ 3 km 作为一个评定路段，选好测点，组织检测。测点宜选在平整、无裂缝或坑槽的轮迹处，平均分布在道路行车。

（三）施工过程的质量控制

施工中，应对施工质量进行抽样检测，抽样项目、频率、允许误差。

（四）验收标准

道路在使用过程中，路面会出现不同程度的损伤。有的路面集料被磨光，表现为摩擦系数降低，构造深度偏小；有的路面沥青剥落严重，集料裸露，表现为摩擦系数偏大，构造深度过大。考虑到路面损坏的复杂性，因此验收时不宜使用某一固定指标，使用施工前后的检测值的差值与原路面检测值的比较值来作为验收标准更为合适。

工程完工 30 d 后，根据施工前确定的路段，检测频率及测点位置对施工后路面的摩擦摆值（或横向力系数）构造深度和渗水系数进行测试，验收项目还包括路面的表观质量。

第五节　沥青碎石封层技术

一、碎石封层的定义

碎石封层就是采用层铺法施工，在旧路面强度指标符合要求的情况下，对原路面进行清扫和简单处理，采用直接洒布沥青和撒铺碎石的方法加铺的沥青薄处理层，具有改善路面的使用质量、修复磨耗路面、路面防水等多项功能，并具有造价低、施工工艺简便、施工速度快等多项优点。

碎石封层按层数一般分为单层、双层和三层。单层碎石封层的工艺是在路面上直接洒布沥青，紧跟着撒布一层集料，然后立即用轮胎压路机进行碾压，使得50% ~ 70% 的集料固定。

双层碎石封层的工艺是第二层的施工在第一层施工结束后立即进行，其中第一层先施工较大粒径的集料，用量占总集料用量的60%，第二层施工其余40%较小粒径的集料，其粒径一般为第一层集料粒径的一半。双层碎石封层的总厚度可达 25 mm。

碎石封层按施工工艺分为常规碎石封层和同步碎石封层两类。其中，普通碎石封层的黏结料常采用高浓度的乳化沥青，用量一般在 1.59 ~ 2.27 L/m^2；集料用量取决于集料的级配和最大粒径，一般在 8 ~ 27 kg/m^2。同步碎石封层多用热沥青或改性热沥青，用量在 1.2 L/m^2 左右，石料用量一般在 7 ~ 8 kg/m^2。同步碎石封层的施工是用专用设备，即同步碎石封层车，将碎石及黏结材料（改性热沥青或改性乳化沥青）同步铺洒在路面上，然后用轮胎压路机碾压而形成沥青碎石磨耗层。

二、碎石封层的优缺点

碎石封层可密封路面表面，密封路面的细小裂缝（主要为与荷载无关的裂缝）防止水进入路面结构内部，恢复或改善路面的抗滑性能，延缓路面的松散、老化、氧化、硬化，但施工后路面噪声增加。

碎石封层适合于中、小交通量，即交通量小于 1000 ~ 5000 辆 / 车道或速度不大的公路；由于松动石料可能会打碎汽车挡风玻璃，因而大交通量公路不推荐使用。

天气条件对碎石封层的性能影响很大，尤其在施工的时候。最好在温暖、有太阳、湿度低的天气使用，一般要求温度高于 15℃（最佳温度范围为 26 ~ 60℃），相对湿度低于 75%。不宜在湿度大、温度低的天气和雾天、雨天施工。

三、国外应用情况简介

碎石封层是柔性路面上常用的预防性养护措施。但需要指出的是，碎石封层只能在其旧路面未产生结构性破坏的情况下才能获得成功。要获得碎石封层对路面的养护效果，路面管理部门必须在路面病害尚处于较低状态时将其应用于旧路面。因此，选择合适的路面是路面管理部门进行碎石封层决策时最重要的也是最关键的因素。

下面将主要关注于单层或双层预防性养护碎石封层表面处治。

碎石封层中碎石层与其他成分一起，起到了保护沥青层，使其不直接承受轮胎的危害的作用，并且能构成更粗糙的纹理，以便车辆可以更安全地通过。碎石封层的主要目标是封住具有微细裂缝的路面表面，防止水分侵入基层或路基。碎石封层中碎石层得以推广应用的原因主要是，相对于薄层沥青罩面来说价格更低，且其是一种可延长下卧旧路面结构寿命的技术。

历史上，北美的绝大多数交通运输部门允许他们的路面病害发展到相对较重的程度。出于路面保值计划的需要，计划部门对应用预防性养护技术来保持路面结构逐渐深入，并发现碎石封层是一项值得投入的研究。澳大利亚、加拿大、新西兰、南非、英国和美国都进行了大量的沥青碎石封层的研究。

碎石封层是预防性养护应用最多的技术措施。如果在路面寿命周期早期（例如，在其出现较大程度病害前），预防性养护范畴内采用，能获得理想的应用效果。在路面达到其服务寿命以前，如果严格按照在每个预防性养护期末采用碎石封层，则该技术可能需要多次实施。完成预防性养护周期的主要概念是保持路面应有的质量并没有大的病害发展。与常规养护不同，预防性养护是保持和延长路面寿命的主动方式，采用碎石封层预防性养护技术，如果时机恰当，可以获得非常经济的寿命延长效果。

碎石封层预期可提供至少 5 年的服务。因此，在路面达到其设计寿命前，3 ~ 4 次将是必要的。在旧有柔性路面上应用时，碎石封层提供了表层磨耗层，封住下层路面防止水分渗入，提高抗滑性能，强化路面表面防止因氧化导致的病害。碎石封层一般对封住路面表面的细微裂缝有效，除非这些裂缝由结构性病害产生。

对结构性病害采用碎石封层是一种常用手段，但不能期望碎石封层能提供额外的路面结构能力。将碎石封层定义为一种临时性技术措施更直接。它可以减少路面病害的进一步发展，直到有足够资金进行常规加铺。然而作为一种预防性养护技术，不建议在状况不好的路面上采用碎石封层，这可能带来更大的长期费用成本。因此，碎石封层不应使用在严重裂缝或老化的路面表面，这时应考虑重建、维修或常规加铺方式。

路面表面分析后，如果认为碎石封层是适宜采用的预防性养护措施，则碎石封层过程开始进入计划阶段。旧路面表面特性评价可包括硬度、纹理和其他路面表面结构状况的指标或参数。如果决定采用碎石封层各种表面预处治技术应先行展开。裂缝修补、局部修补、调平、预封层和增加表面纹理等可在碎石封层前进行。这些措施通常应在碎石封层前 6 ~ 12 个月进行，以保证有充分的成型与稳定时间。在材料铺装前要清除杂物。碎石封层涉及四种主要设备：沥青洒布机、集料洒布车、压路机和清扫机械。

沥青洒布机将沥青胶结料均布于路面表面。集料洒布车接着立即在其上按预先确定的用量洒布均一的集料。这是铺筑一层厚度集料，且沥青胶结料既能黏住集料又不因沥青过多产生泛油的两个关键工序。基于胶结料、集料和碎石封层的实际类型，可采用多种不同的压路机来保证集料的嵌入。胶轮压路机是最常用的类型。压路机之后紧跟清扫机械以扫除表面多余的集料。

气候因素对碎石封层的影响至关重要。一般认为，环境温度对碎石封层质量有极大影响。在环境温度较低且集料较潮湿的情况下，乳化沥青相对于热沥青来说，低温施工的敏感性较低。同样，在年施工期快结束、夜间温度较低情况下，因乳化沥青要求的施工温度相对于热沥青更低，所以采用乳化沥青更适宜。然而，当环境温度和路面温度较高时，采用乳化沥青可能存在因黏度下降而对集料的黏附与稳固作用下降的不利影响。

集料选择往往是可用料源和运距的折中。当地的地理条件基本上决定了本地集料的质量，出于费用考虑，采用处于质量要求边缘的（如规范低值）集料是惯常的做法。集料质量对于碎石封层的成败非常重要。集料质量下降，一大堆施工可行性问题就会出现，如含泥量、集料施工中破裂等问题，在应用工程附近低质集料时都有可能出现。澳大利亚甚至愿意支付一笔可观的费用进口高质量集料来满足碎石封层的材料要求。

最后，因极性相容问题，不同类型的集料适用于不同胶结料类型，这就要求设计者在碎石封层设计过程中要根据本地集料状况来选择合适的胶结料种类。

美国关于碎石封层的传统想法认为，碎石封层是一种"艺术"而多于"科学"。而今天则流行将碎石封层设计仅仅看作是一种"配方"。其背后的原因是，大多数北美的碎石封层施工都是基于本地的实践经验而不是合理的工程原则。将碎石封层看作是一种"艺术"，是因为所有工程的不确定性和多变性。因此，施工队伍的经验、对当地材料的熟悉程度、采用合适的设备是工程成功的关键。影响碎石封层的因素具有多变性、不确定性，与其设计参数无关，比如，涉及材料用量设计的一个首要因素是路面状况的，路况的差别导致在施工时要采用多少沥青用量将会发生变化，因而不能照搬以往的设计。这种想法本质上认为，如果碎石封层工程施工时需要现场调整沥青用量，则以往的设计只能作为一种用量预估时的参考。

四、碎石封层设计

在状况较差的路面上应用碎石封层的失败概率将比在较好状态旧路面上应用时增加 2 ~ 4 倍。在考虑合适的设计方法前必须知道，选择那些合适的路段是进入设计程序的最重要的步骤。碎石封层不会提升旧路面的结构性能，因此不能在已出现严重病害路面上应用。

然而，碎石封层在延缓路面旧病害再次出现方面，可能要优于其他处治方式。

碎石封层基本上只应用两种材料：胶结料和集料。集料选择不仅是寻找最佳级配，也是为工程选择最合适的封层用碎石。胶结料的选择与下列因素有关：路面表面状况、集料尺寸和级配、与当地集料的相容性及当地气候条件。现有路面的不均匀，对集料用量设计是一个难点。而这种不均匀性表现在路面横断面和纵向两个方向上。路面横断面上的不均匀主要表现在轮迹带和非轮迹带的不均匀，如车辙；而纵向的不均匀则表现为不同路段间，路面有可能老化也可能出现泛油或磨光等。在路面纹理变化的情况下，决定胶结料用量时需要特别注意。这种情况下必需根据情况改变胶结料用量，采用统一的用量是不可能的。因此，对应用碎石封层的路段进行详细的表面特性调查对于工程应用成功非常关键。

成功的碎石封层项目的核心是符合预防性养护的原则，是最合适的预防性养护技术措施。时机恰当，它能带来经济上的利益。

　　碎石封层设计方法大部分归为两大类：基于以往经验的经验设计法和基于某种形式的工程算法的理论方法。有关以往碎石封层设计的研究文献很多。现代的碎石封层设计包括确定级配、类型，以及在集料尺寸和类型已知的情况下的沥青用量、现有路面表面状况、交通量、碎石封层的实际类型。

第六节　纤维封层技术

一、纤维封层的定义

　　纤维封层技术是指采用纤维封层设备同时洒（撒）布沥青黏结料和玻璃纤维，然后在上面撒布碎石经碾压后形成新的磨耗层或者应力吸收中间层的一种预防性养护技术。

　　纤维封层施工中，经过专门工艺破碎切割的纤维在上下两层均匀洒布的沥青结合料中呈乱向均匀分布，相互搭接，与沥青混合料形成网络缠绕结构，有效地提高了封层的抗拉、抗剪、抗压和抗冲击强度等综合力学性能，类似在新建道路基层和面层之间或原有路面基础上加铺了一层具有高弹性和高强度的防护网垫。特别适用于旧沥青路面（或新建路基）、面层层间应力吸收中间层和原有旧沥青路面耐磨层施工，对新旧沥青道路建设及养护起到有效的保护作用，更能延长其养护周期及服务寿命。

二、纤维封层的使用要求

（一）对路况和结构的要求

　　对实施纤维封层的路段，要求基层和面层具有一定的强度，平整度要好，路面破损率要低。对于年久失修、超期服役、交通量大、路面病害严重急需大修的路段，不适合采用纤维封层；适用于大修路段的基层和面层之间、路基强度好的旧沥青路面与上面加铺层之间用作应力吸收中间层，用以吸收和分散应力，阻止路基裂缝或旧路面的裂缝反射到上覆层；适用于基层强度好、出现轻微的龟网裂现象需要中修改造的老路面用作磨耗层，能预防并抑制裂缝继续扩延，并且起到路面防水、防滑的作用。

（二）对地域条件、气候条件的要求

借鉴国外对纤维封层技术的广泛应用，可以说纤维封层技术适用于各国家和地区，但对气候条件要求却十分严格。当气温达到10℃并且持续下降时，不允许进行施工；但是在气温达到7℃并且持续上升时，可允许施工。尽量避免雨天施工作业。

三、纤维封层的材料要求及用量

（一）材料要求

纤维封层的主要材料是改性乳化沥青、石料和玻璃纤维。

（二）材料用量

旧路面粗糙度越大，改性乳化沥青的用量就越大；耐磨层及面层养护时用量要比应力吸收中间层施工大一些；相对来说，高温季节施工改性用量要比低温季节施工用量要小一些。

纤维的平均用量一般为 $50 \sim 120 \ g/m^2$，通常情况下，用量在 $60 \ g/m^2$ 左右；纤维的平均长度为 30 mm、60 mm 或 120 mm，根据经验，60 mm 的纤维段封层效果更佳。用于磨耗层及耐磨层施工时，碎石的用量为 $8 \sim 10 \ m^3/km^2$。

另外，对于施工场所只能提供酸性或弱酸性集料的地方，可在纤维封层中添加抗剥落剂。抗剥落剂的具体用量须根据路面的具体状况和实验来确定。经验来说，抗剥落剂添加量一般为沥青质量的 0.3%。

四、纤维封层的施工

（一）施工设备

纤维封层所用的主要施工装备为纤维封层机。纤维封层核心设备主要包括沥青洒布系统、纤维系统、添加剂系统以及为保障这些系统正常工作的辅助系统等。

（1）沥青洒布系统。沥青洒布系统由 2 个按 50 ∶ 50 的工作比例洒布杆喷洒泵组成，每个洒布杆上均布 40 个喷嘴，喷嘴间距为 10 cm，洒布最大宽度为 4 m，电气控制系统精确控制喷洒量，喷洒量为 1.0 ~ 3.5 kg/m²，误差为 ±5%。

（2）纤维系统。纤维系统由纤维撒布系统、纤维存储箱和纤维输送管路组成。纤维撒布系统位于 2 个沥青撒布杆的中间，最大撒布宽度为 4 m，装有 40 个纤维破碎器。纤维破碎器间距为 100 mm，撒布量为 30 ~ 200 g。纤维存储箱中的纤维分配管路采用不锈钢设计，箱体设有 192 个纤维转盘。

（3）添加剂系统。添加剂系统洒布杆上喷嘴间距为 20 cm，由气动马达驱动的泵提供动力，每 2 个沥青喷嘴配备 1 个添加剂喷嘴，添加剂系统不锈钢罐容量为 200 L。

（4）辅助系统。辅助系统主要由拖车牵引系统、发动机系统、电路系统和尾部操作系统等组成。拖车牵引系统采用非轮式支撑，最大速度为 80 km/h，挂钩连接。发动机系统采用柴油发动机，电启动，液体冷却，150 L 油罐变容液压泵。电路系统可适应乳化沥青及不高于 90℃的稀释沥青。尾部操作台可以根据施工的具体情况，控制沥青与纤维的撒布，包括撒布量、喷洒杆高度、撒布宽度等。

（二）施工步骤

1.道路勘察，试验制定配方

施工路段进行现场勘察路面状况、交通量大小等，根据勘察所得数据，分析并做实验，确定施工方案、施工结构，进行有针对性的材料选型，做出切实可行的施工配方，包括改性乳化沥青，纤维、碎石种类与用量。是否需要添加抗剥落剂，如果添加，就要确定抗剥落剂的类型和用量。

2.道路预处理

（1）旧沥青路面加铺防水磨耗层的施工：对裂缝、坑槽等严重病害的预处理等。

（2）旧水泥面板路面改造为沥青路面的防水黏结层的施工：对裂缝、坑槽等严重病害的预处理等。

（3）高速公路的下封层的施工前准备：平整度的处理等。

（4）桥面防水层的施工前准备：堵漏、堵缝等的预处理。

（5）做好配套工作。如配套设备的组织协调工作，原材料的供给，交通的阻断、开放及车辆限速等工作。

3. 施工过程

（1）先选择大约 50 m 路面上进行一次试验路施工作业，并根据效果对施工各参数进行调整（包括纤维封层设备沥青喷洒、纤维撒布试作业、碎石撒布车碎石撒布量的修正），直到达到预期效果后，再进行连续长距离的施工。

（2）纤维封层设备同时洒（撒）布两层乳化沥青和一层玻璃纤维，控制车速在 3 ~ 4.5 km/h，最佳车速为 3.6 km/h。洒布过程中，如发现不均匀或中间断条情况，应立即停车检查，发现问题及时处理。

（3）碎石撒布车交替连续跟进纤维封层设备进行碎石撒布，车速与纤维封层车速相匹配。应力吸收层碎石层撒布覆盖率控制在 70% 以上，磨耗层碎石覆盖率控制在 95% 以上。碎石撒布后，立即用胶轮压路机碾压，碾压初始速度控制在 2 km/h 以内，之后可以适当增加，碾压后的碎石颗粒浸入深度为粒径的 1/2 为宜。

（4）施工结束：①碾压完成后，待乳化沥青破乳后即可全面开放交通，车辆行车基本不受路面施工影响；但须对来往车辆进行限速，设立标志或派人把守，使过往车辆车速限制在 40 km 以下。对于一些散落在路边的集料，进行及时的清除。②对纤维封层设备按保养技术要求马上实施保养维护，包括沥青管路清洗、设备除尘等操作。③如为路面养护工程，通车一周后需再对路面进行一次清扫。

第七节　微表处技术

一、基本定义

微表处是由聚合物改性乳化沥青、集料、填料、水和外掺剂按合理配合比拌和并均匀摊铺到已适当处理过的路面上的薄层。它应能满足摊铺不同截面厚度（楔形、凹形）的要求，不同沥青用量和不同摊铺厚度的混合料经养生和初期交通固化后，能经受住车辆载荷的作用，并在使用寿命内保持良好的抗滑性能。它应能适应迅速开放交通的需要，在气温 24℃、湿度小于 50% 的情况下，11 cm 左右厚度的微表处施工后 1h 可开放交通。

二、原材料要求

（1）改性乳化沥青。微表处混合料中，乳化沥青中的沥青应符合道路石油沥青标准。

（2）填料可分为具有化学活性的填料和不具有化学活性的填料。不具有化学活性的填料一般指矿粉等，具有化学活性的填料主要有水泥、石灰、硫酸铵粉、粉煤灰等。

（3）外加剂。微表处混合料中的添加剂视需要而定。添加剂可分为促凝剂和缓凝剂，其作用主要是加快或减缓乳化沥青在稀浆混合料中的破乳速度，满足拌和、摊铺与开放交通的需要。添加剂的类型应由室内试验确定，或由乳化剂生产厂配套指定。它可以是有机酸、碱、无机盐，也可以是其他高分子聚合物、表面活性剂等，如盐酸、氨水、硫酸铵、氯化铵、氯化钙等或其他乳化剂以及一些水乳性的高分子乳胶。另外，如抗剥落剂、改性剂等也可以通过添加剂的方式添加到稀浆混合料中。

（4）水。满足牲畜饮用水标准。

三、微表处技术施工要求

（一）对原路面的要求与施工前准备

要求原路面具有足够的强度和刚度，具有良好的整体稳定性，且表面平整、密实、清洁。施工前，需进行修补工作，当原路面上有坑洞、边线破损和裂缝宽大时，应进行修补。有深洞时，应分层填补并压实。对于大的拥包和深的车辙（如车辙深超过 10 mm），应先进行铣刨和填补，修补完成后，应进行清洁，避免用水冲洗，可采用高压空气吹的方法。

（二）备料

施工的矿料必须把超大粒径的石料筛掉，以免大粒径石料给拌和和施工带来不利影响。拌好的矿料应尽量堆在经过铺装且洁净的地面上，以免混入泥土。填料的质量要求主要是细度、含水率等。水泥、石灰、硫酸铵、粉煤灰均不得含泥土杂质，并应干燥、疏松、没有聚团和结块，且小于 0.075 mm 的颗粒含量不应少于 80%。施工用水应采用饮用水，当 pH 值在 7 左右并且无咸味时，都可以采用。

（三）设备的标定

处于微表处设备的计量控制系统，施工前应进行严格的计量标定工作，根据室内试验确定的混合料设计配合比，对矿料、填料、乳化沥青、水、添加剂等各种材料的用量进行单位输出量的标定。通常在以下三种情况下，应进行计量标定工作：①机器第一次使用前；②机器每年的第一次使用前；③原材料或配合比发生较大变化时。

（四）施工环境要求

微表处施工前的准备工作完成之后，必须视天气条件而确定能否施工。施工对天气条件的要求为气温未达到 10℃且持续下降时，不可施工；养护成型期内气温大于 10℃，雨后路面积水未干或未清除之前，不可施工；施工养护成型期内可能会出现降雨或霜冻，不可施工。

四、微表处施工外观质量的要求

微表处施工外观质量要求如下：

（1）表面平整、密实、无松散、无轮迹。

（2）纵、横缝衔接平顺，外观色泽均匀一致。

（3）与其他构造物衔接平顺，无污染。

（4）摊铺范围以外无流出的稀浆混合料。

（5）表面粗糙，无光滑现象。

五、其他需注意的问题

（一）预湿水

天气过于干燥炎热时，对原路面进行预洒水，有利于微表处与原路面的牢固黏结。新式的微表处摊铺机都带有预洒水设备，只需摊铺时打开即可。对于无洒水系统的摊铺机或人工摊铺，可采取其他方式洒水，但应避免洒水过多。洒水量的控制以路面无积水为宜，洒水后可立即摊铺。

（二）接缝

在先铺筑的接缝处进行预湿水处理有助于两车微表处混合料的连接，而用橡胶刮耙处理接缝处的突出部分非常有效，再用扫帚进行扫平，使纵向接缝变得平顺，总体外观更佳。横向接缝过多、过密会影响外观和平整度，因此要尽可能减少。首先在起点处，当摊铺箱的全宽度上都布有稀浆时，就可以低速缓慢前移，这样就可以减少箱内积料过多而产生的过厚起拱现象，并对起点进行人工找平。施工时，可在起点的摊铺箱下铺垫一块油毡，当摊铺机前进后，将油毛毡连同上面的混合料一道拿走。

（三）加水量的控制

成功的微表处是建立在稀浆中沥青分布均匀的基础上。加水太多，稀浆的稳定性降低，粒料下沉沥青上浮，造成与原路面的黏结降低，而封层表面的沥青含量过高。封层越厚，这种影响越严重。

（四）过大颗粒及细料凝块

石料中难免会有超径的颗粒，这些颗粒有可能会卡住搅拌轴，引起机械故障，更有可能卡在橡胶刮板下面，形成纵向划痕。

矿料受潮时会产生细料凝块，特别是对于砂当量较低的矿料。这种凝块容易造成纵向划痕，有时也可能在摊铺箱下压碎，给封层表面留下一条松散的浅色痕迹，为避免这种现象，应将装入矿料箱的矿料过筛。

第八节　（超）薄层罩面

一、薄层、超薄层罩面的定义

薄层罩面也是一种很早采用的传统的预防性养护方法。它是在原有路面上加铺一层厚度为 1.5 ~ 2.5 cm（超薄罩面）、4 cm 左右（薄层罩面）的热沥青混合料。沥青混凝土罩面施工如图 3-6 所示。沥青路面罩面按使用功能划分为罩面层、抗滑层（磨耗层）等。一般罩面层的厚度可根据路面等级、交通量大小、道路等级、功能综合考虑确定。

（1）用于重点解决路面轻度网裂，透水时可采用较薄的罩面层。

（2）当路面破损，平整度、抗滑性能需要改善时，应采用较厚的罩面层。

（3）用于解决抗滑的罩面层。可视不同等级和交通量大小，采用不同的厚度。高速公路、一级公路抗滑层不宜太薄，宜采用 2.5 ~ 4 cm。

（4）各类型一般罩面厚度不得小于最小施工结构层厚度。

（a）施工中 　　　　　　　　　　　　　（b）施工后

图 3-6　文山市沥青混凝土罩面现场施工示意图

二、适用范围

沥青路面养护中，应根据沥青路面养护质量评价指标等级确定是否罩面和罩面的种类。需要罩面的路段路面强度系数必须符合中等等级以上范围，而路面状况指数行驶质量指数、抗滑系数三项指标等级在下列情况时，应按下述要求分别采取措施进行处理：行驶质量评为良、中等范围时，高速公路、一级公路应安排一般罩面层养护；当罩面抗滑系数评为中等级时，高速公路、一级公路应加铺抗滑磨耗层；二级及二级以下公路宜对陡坡、急弯、交叉路口等事故多发地段进行抗滑层处理。

沥青路面使用年限已达设计年限的一半以上时，可安排罩面层进行预防性养护以延长使用寿命。适宜选用的罩面类型主要是选用改性沥青或沥青玛蹄脂碎石混合料作高速公路、一级公路抗滑层，还可以选用开级配抗滑磨耗层作为高等级公路抗滑表层。

三、薄层、超薄层的类型及特点

（一）沥青玛蹄脂碎石混合料薄层罩面技术

沥青玛蹄脂碎石混合料是一种由沥青、纤维稳定剂、矿粉及少量的细集料组成的沥青玛蹄脂填充间断级配的粗集料骨架间隙组成一体的沥青混合料，它的最基本组成是碎石骨架和沥青玛蹄脂结合料两部分。

沥青玛蹄脂碎石混合料与我国普遍采用的等级配相比，具有较为明显的优势，它充分综合了这些传统混合料的级配特点。其主要性能特点可概括为以下几点。

（1）沥青玛蹄脂碎石混合料高温性能优越。沥青玛蹄脂碎石混合料粗集料用量大、骨架嵌挤，是间断级配沥青混合料类型，具有良好的高温抵抗荷载变形能力，即使在高温条件下，沥青玛蹄脂的黏度下降，对这种抵抗能力的影响也不会减小，因而有较强的高温稳定性，抗车辙能力强。

（2）沥青玛蹄脂碎石混合料耐久性能良好。沥青玛蹄脂碎石混合料的沥青用量大，矿粉用量多，又使用纤维稳定剂，由此组成的沥青玛蹄脂包裹在粗集料表面，充分填充集料间隙，在温度下降、混合料收缩变形时，玛蹄脂有较好的黏结作用，它的韧性和柔性使混合料有较好的低温抗变形性能，有效地减少路表面裂缝的产生。

（3）沥青玛蹄脂碎石混合料抗水损坏性能好。沥青玛蹄脂碎石混合料混合料是密级配沥青混合料，内部空隙率较小；沥青玛蹄脂碎石混合料路面的密水性能好，再加上集料与玛蹄脂的黏附性很好，沥青膜较厚，沥青与空气的接触少，混合料的水稳定性和耐老化性能也有较大的改善，从而提高了混合料的抗水损坏性能，延长路面的使用寿命。

（4）沥青玛蹄脂碎石混合料路面抗滑性能优越。沥青玛蹄脂碎石混合料粗集料用量大，路面压实后表面的构造深度大，具有优越的抗滑性能，较好地解决了抗滑性与耐久性的矛盾。同时，雨天交通行车下不会产生大的水雾和溅水，提高了行车安全性，且在高速车辆载荷作用条件下其路面噪声低，因而可以全面提高路面的表面功能。

沥青玛蹄脂碎石混合料具有良好的高温、低温、抗水损坏及表面抗滑性能，在经济条件允许的情况下，已经越来越多地应用于高速公路工程中。考虑到沥青玛蹄脂碎石混合料的造价较高，公路养护工程采用薄层沥青玛蹄脂碎石混合料罩面技术，既可以兼顾路面的性能，又可以适当降低工程造价，该技术无论在欧洲还是美国，应用越来越广泛。沥青玛蹄脂碎石混合料薄层罩面的混合料类型包括沥青玛蹄脂碎石混合料9.5、沥青玛蹄脂碎石混合料13，厚度一般在20～30 mm。

我国的沥青玛蹄脂碎石混合料路面发展较晚，大部分与改性沥青同时使用，主要是在新建的机场道路、钢桥面铺装、高速公路和大城市干线公路上得到了应用，从实践效果看，多数达到了预期效果。但将沥青玛蹄脂碎石混合料作为路面的维修技术的应用还是很少，对这方面的研究也不多，而我国的高速公路和干线公路沥青路面，早期的已经使用了十余年，相当一部分已经有五六年以上，已经面临大规模维修养护。因此，对沥青玛蹄脂碎石混合料薄层罩面技术的应用有较大推广空间。

（二）开级配抗滑磨耗层

开级配抗滑磨耗层是一种高空隙率的开级配沥青混凝土层，也是一种断级配的沥青混合料，与沥青玛蹄脂碎石混合料不同的是，粗集料间隙中没有用沥青玛蹄脂填充，而是留下很大的空隙，所以表面留下非常大的构造深度。在美国，开级配抗滑磨耗层是从厂拌封层处治发展起来的，即开级配抗滑磨耗层最初只是作为一种封层处置方法，其主要目的只是增加路表面的抗磨耗能力；在欧洲，开级配抗滑磨耗层混合料是作为一种特殊用途的磨耗层而发展起来的，主要目的是排除路面表面雨水和吸收噪声，同时改善轮胎与路表面间的抗滑性能。开级配抗滑磨耗层混合料的主要功能可以概括为以下几点。

1.抗滑性与安全性

开级配抗滑磨耗层是一种开级配的混合料，由优质石料相互之间的嵌挤形成混合料的骨架作用，其路面空隙率大，表面粗糙，具有很好的宏观构造与微观构造，这种良好的宏观构造与微观构造提供了路面优良的抗滑性能和行车安全性。有研究表明，开级配抗滑磨耗层路面在潮湿条件下，改善了高车速的抗滑阻力。在干燥路面条件下，在中、低车速时，它的抗滑阻力不比传统的密实沥青路面高，但在高速行驶下，却具有较高的抗滑阻力。

2.排水功能

开级配抗滑磨耗层路面设计及现场空隙率一般控制在17%～22%。研究表明，当开级配抗滑磨耗层的空隙率为20%左右时，其渗透系数通常在（4～10）×10⁻²cm/s的范围内，如此高的空隙率和路面渗透系数为路面提供了排水通道，使雨水能迅速下渗向路边缘排走；另外，较高的宏观纹理能够储存一部分未排走的雨水，因此减少水膜产生对行车带来的危害。

由于开级配抗滑磨耗层路面具有良好的排水性能，雨天不产生行车水花和水雾，减低了雨天行车反光量，而且抗滑能力好，因此大大提高了交通安全性。

3.吸声降噪性能

开级配抗滑磨耗层路面面层有很多孔隙，当轮胎把空气压缩时，空气会渗入面层孔隙，因空气有空间消散，压缩比低，故行车噪声小。另外，车辆机械运转所发出的噪声扩散到一般路面时，其反射量大；若为开级配抗滑磨耗层路面，有一部分噪声会被路面吸收，其反射量自然减少。

开级配抗滑磨耗层薄层罩面可供选择的沥青混合料类型有开级配抗滑磨耗层13、沥青混合料9.5，罩面厚度一般在 20 ~ 30 mm。

值得注意的是，开级配抗滑磨耗层薄层罩面作为透水路面结构层，要求其下卧层均匀密实，具有良好的水稳定性，并有很好的路面排水系统与之相匹配，而且必须使用黏度较高的沥青胶结料。

4

沥青路面养护新技术

第一节　沥青路面冷补沥青混合料

一、冷补沥青混合料的概述

沥青路面在车辆荷载及环境因素反复作用之下，会产生松散、坑槽、剥落、裂缝、拥包、车辙和表面磨光等病害。路面病害不仅影响路面美观，而且降低了行车舒适性和通行能力，严重影响行车安全，因此对于路面出现的各种病害必须及时处理，保证道路服务水平。对于路面坑槽病害，一般采用热拌沥青混合料进行修补，但是在低温季节，沥青混合料施工和易性较差，修补效果不佳。所以对于每年10月至次年4月出现的路面病害，道路养护部门通常不进行处治，待来年高温季节采用热拌沥青混合料进行维修处治。而冷补沥青混合料完全不同于热拌沥青混合料，能够适应于不同环境温度，在 −20 ~ 50℃均可施工，并且操作方便，备料可以随用随取，不需要重型机械，根据路面的不同情况可以采用压路机压实、冲击压实或者人工压实。质量极佳的冷补沥青混合料具有极强的黏结性和抗老化性，坑槽修补完不易产生脱落、龟裂等不良现象，不需重复修补。

二、冷补沥青混合料强度的构成及形成机理

冷补沥青混合料是由特定级配的矿质集料和冷补沥青所组成，与热拌沥青混合料相同，其强度主要包括胶结料黏聚力和矿料内摩阻力。因为组成冷补沥青的稀释材料将会不断挥发，所以黏聚力和内摩阻力处于相对变化状态，不同阶段对混合料强度贡献不尽相同。与热拌热铺沥青混合料相比较，冷补沥青混合料路面的强度形成不是一蹴而就的，而是随着稀释材料的逐渐挥发，在车辆荷载作用之下，混合料逐渐碾压密实，达到最终强度。冷补沥青混合料的成型过程大致可以分为三个阶段。

1. 存储阶段

混合料未受到外部荷载作用，颗粒呈离散疏松状态，没有形成相互嵌挤的骨架结构，因此内摩阻角较小。而且沥青胶结料含有一定数量的稀释材料，黏结性能较弱，所以黏聚力较小。

2. 施工阶段

冷补沥青混合料摊铺施工时，在压实机具荷载作用之下，混合料颗粒相对移动彼此挤进，相互之间产生的内摩阻力和嵌挤力构成初始强度，而冷补沥青黏结力依然较小，对初始强度贡献比较小。

3. 使用阶段

冷补沥青混合料施工完成之后，即可开放交通。在车辆荷载不断作用之下，沥青混合料颗粒进一步相互嵌挤紧密，路面空隙率变小，内摩阻力增大，同时由于稀释材料不断挥发，沥青胶结料黏结性、黏滞性和黏聚力增大，矿料牢固黏结，混合料强度最终达到稳定。

三、冷补沥青混合料组成材料的性能

（一）冷补沥青

1. 沥青

沥青是胶结材料冷补沥青的主要组成部分，沥青的选择对冷补沥青与冷补沥青混合料的性能影响较为显著。沥青性能对冷补沥青及冷补沥青混合料具有重要影响。

2. 稀释剂

冷补沥青混合料必须具备优良的存贮性，而且在冬季低温环境下可以方便铺筑施工，所以需要往基质沥青中掺加适量的稀释剂以降低黏度。稀释剂可以选择汽油、柴油或者煤油等有机溶剂，既达到降低黏度的效果，又保证和基质沥青具有良好的相容性。但是结合冷补沥青混合料长期贮存和安全生产的要求，一般选择挥发速度慢、闪点较高的柴油制备冷补沥青。

3. 冷补剂

添加冷补剂能够显著改善冷补沥青与集料的黏附性和黏结力，从而提高冷补沥青混合料的强度和水稳定性，所以冷补剂对冷补沥青及冷补沥青混合料至关重要。试验采用进口原装冷补剂，该添加剂具有化学改性和物理改性双重作用，改性机理为添加剂中的主要成分与基质沥青充分相容并进行分子交联。

（二）集料

冷补沥青混合料用矿料必须满足热拌沥青混合料用矿料技术指标，以保证冷补沥青混合料的应用效果。

（三）抗剥落剂

首先，因为柴油在一定程度上削弱了沥青和集料之间的黏结力，降低了冷补沥青混合料的强度和水稳定性；其次，刚铺筑的冷补沥青混合料空隙率比较大，雨水极易下渗，在车辆荷载产生的动水压力作用之下，容易出现水损坏。消石灰作为一种广泛应用的抗剥落材料，施工方便、效果显著。因此，在制备冷补沥青混合料时，有必要掺加消石灰，从冷补沥青混合料整体性能考虑，最后确定消石灰用量为 2.0%。

第二节　高模量沥青混凝土

一、高模量沥青混凝土的定义及作用机理

高模量沥青混凝土是一种整体模量较高、抗疲劳性能良好的路面材料。按照法国沥青混合料设计规范体系的定义，只有当动态模量（15 ℃，10Hz）大于14000 MPa 时，这种沥青混凝土才可以被称为高模量沥青混凝土。作用机理主要是通过提高沥青混凝土的模量，减少车辆荷载作用下沥青混凝土产生的应变，提高路面抗高温变形能力，改善沥青混凝土的疲劳性能，从而延长路面的使用寿命，提高服务质量。现行制备的方法有三种：采用低标号硬质沥青（20# 沥青）

作为胶结料制备高模量改性沥青混凝土；以天然沥青或其他改性剂制备高模量改性沥青实现沥青混凝土的模量改进；以功能性添加剂直接在沥青混合料拌合时加入，以普通石油沥青为胶结料制备高模量沥青混凝土。

二、材料组成

（一）集料

1. 粗集料

在所有沥青混合料的组成成分中，粗集料主要起着骨架和支撑的作用。高模量沥青混凝土中的粗集料需要具备一定的强度，同时需要棱角分明，所以质量比较差的粗集料不能用在高级沥青路面和高模量沥青混凝土的施工过程中。

2. 细集料

细集料在混合料中主要是起到对粗集料之间的骨架间隙的填充作用，让集料整体不易发生移动，让沥青混合料更加密实，提升混合料的整体路用性能。同粗集料一样，筛选细集料时要严格控制针片状集料的含量。细集料颗粒的形状宜有棱角且接近正方体，这种细集料使得集料间嵌挤作用更强，通过进一步提高集料间的内摩阻力来达到提高混合料模量的目的。

（二）矿粉

在矿粉颗粒中，直径大于沥青薄膜厚度的大颗粒会与沥青结合而形成沥青胶浆来填满集料之间的小空隙以保证混合料的孔隙率，而小颗粒在沥青混合料中则作为沥青载体与沥青结合形成胶浆会导致沥青路面泛油，降低沥青混凝土的强度、抗疲劳和抗老化性能等后果。所以在选用矿粉时应选择采用粉碎磨细后的石灰岩和白云石等碱性材料，因为碱性材料一般不易和沥青黏结成胶浆。

（三）沥青

一种是使用低标号沥青即 30# 以下的沥青，主要采用的是 20# 沥青；另一种是采用高模量添加剂而并不使用低标号沥青的办法来制得高模量沥青混合料，所以在高模量沥青混合料室内试验试件的制备过程中采用 70# 普通基质沥青。

（四）外掺剂

在研究过程中所选用的高模量添加剂为进口的添加剂，外观主要呈黑色颗粒状，略有刺激性气味。法国路面材料实业公司推荐外掺剂的掺加量为沥青混合料总质量的 0.5% ~ 0.8%。它的特点主要是提高路用性能，降低路面厚度，降低能耗，增加路面寿命及降低造价。作用机理是在拌和过程中，因为高温与骨料间的剪切力的共同和反复的作用被磨成纤维状或饼状物质而均匀地分散到沥青混合料中。在这个过程中，添加剂主要起到嵌挤、加筋以及胶结的作用，因此不仅对沥青起到改性作用，还对沥青混合料的整体结构起到改性作用。

三、成型方法

先将达到规定拌合温度的热集料放入实验室的沥青混合料拌合器中，加入一定量的高模量添加剂，进行干拌，在最佳拌和温度时将沥青加入，进行拌和，然后再加入矿粉拌和至均匀，最终形成高模量沥青混合料。

通过室内试拌试验发现，外掺剂在 175 ~ 180℃与集料干拌 15 s，能使其迅速软化成不规则的扁平状，与集料具有很好的相融性，分散均匀，无凝结成团现象。考虑到高温拌和有利于外掺剂迅速软化，可减少高模量沥青混凝土的拌和时间。因此，高模量沥青混凝土拌和温度应该高于普通沥青混合料的温度。再考虑到室内拌和时会有较多的热量散失，确定外掺剂的拌和温度为 170 ~ 175℃。

普通沥青混合料拌和时间约为 40 s，而高模量沥青混凝土由于外掺剂的加入，需要有足够的拌和时间，使得外掺剂能够融化。因此每次拌和完毕后，将热沥青混合料取出散开，用肉眼观察是否有外掺剂的残片，根据多次试拌和结果，最终确定混合料拌和时间为 45 s。

四、性能验证

（一）高温抗车辙性能

通过车辙试验测定的动稳定度为评价指标，从而对高温稳定性进行评价。高模量沥青混合料要求动稳定度（60℃，0.7Mpa）不小于 4000 次 / 毫米。

（二）低温抗开裂性能

沥青混合料在低温下，柔性降低，脆性增大，变形能力降低，容易产生开裂现象。一般采用沥青混合料小梁低温弯曲试验来评价混合料的低温抗裂性能。添加高模量改性剂或者天然岩沥青后，沥青混合料的高温性能显著提升。高模量沥青同样有很好的低温抗裂性。

（三）水稳定性

通过进水马歇尔试验测定残留稳定度或冻融疲裂试验测定冻融劈裂强度比来评价高模量沥青混合料的水稳定性，通过试验得出其测定指标符合规范要求，并且添加剂可显著提高沥青混合料的水稳定性。

第三节 纤维沥青混合料

一、纤维沥青混合料概述

纤维沥青混合料是一种通过掺入纤维材料提高沥青混合料使用品质的复合材料。其突出特点是能阻止沥青路面裂缝的扩展，减少高温车辙的出现，弥补低温脆性大的不足以及减小路面的水损坏程度，对延长沥青路面的使用寿命具有显著作用。

二、纤维改善沥青混合料的作用机理

（一）纤维对沥青的吸附作用

纤维的直径一般小于 $20\mu m$，其比表面积相当大，每克纤维的表面积可达数平方米以上。纤维分散到沥青中，为沥青浸润提供了巨大的比表面积。在此表面上，纤维吸附大量的沥青，形成具有一定厚度的新相，称为界面层。界面层的结构与性质取决于沥青与纤维两相的性质，主要起到连接两相并传递、缓冲两相间的应力的作用，是影响整个纤维沥青材料的物理、力学性能的关键。

沥青中，酸性树脂组分是一种表面活性物质，它与纤维表面产生的吸附作用、物理浸润作用以及有时存在的化学键作用，使沥青呈单分子状排列在纤维表面，形成结合力牢固的界面层结构沥青。

界面层结构沥青比界面层以外的自由沥青黏性大、温度敏感性低、耐热性好。同时，由于纤维的直径很小，纤维及其周围的结构沥青一同裹覆于集料表面，使集料表面的沥青膜厚度增大。混合料中由于纤维的加入导致沥青用量增加，使沥青膜较常规密级配混合料约厚 65% ~ 113%。

（二）纤维的稳定作用

直径很小的纤维在沥青基体内的分布是三维随机的。在掺量不大的情况下，沥青基体内纤维的根数就已经很多了，并在沥青基体内形成了纵横交错的纤维空间网络。这些纵横交错的纤维所吸附的结构沥青形成了结构沥青网，增大了混合料内结构沥青的比例，减少了自由沥青的数量，使纤维沥青胶浆的黏性增大，减小了高温时劲度下降幅度，大幅度提高了混合料的温度稳定性。

纤维对沥青的可持能力很强，一般要在 130℃ 以上的高温下，多余的沥青才会在纤维表面产生滴落。正由于纤维对沥青的稳定作用，在高温下降低了沥青混合料的塑性流动，从而提高了混合料的高温稳定性。同时，由于纤维对沥青的稳定作用，可在沥青混合料中使用稠度较低的沥青，这也有助于减少路面低温裂缝的出现，对路面的低温抗裂性是有利的。

（三）纤维的增韧作用

疲劳破坏是从结构的某个部位产生的微小裂纹开始的，裂纹的起点为疲劳源。对沥青路面来讲，荷载、温度及内部存在的不均匀结点是产生裂纹的主要因素。当混合料受荷载作用时，裂纹尖端发生应力集中而使裂纹得到扩展，当裂纹尺寸达到临界值时则出现失稳扩展，产生较大的裂缝直至断裂破坏。由于三维随机各向短纤维阻滞了裂纹的扩展，延长了材料失稳扩展、断裂出现的时间，因而改善了复合成的混合料的抗疲劳性能。

此外，纤维被拔出需要额外的能量，建立新表面时应力的重新分布等也需要消耗能量，这就对复合体产生了增韧效应，从而增强了混合料（复合体）的抗疲劳性能。

另外，由于纤维具有良好的耐磨阻特性，基质纤维可复合成裹覆集料的保护层。在较低温度下，纤维增韧的纤维沥青胶浆对集料颗粒黏聚力增大，使混合料整体不易松散。开裂后的路面也会由于纤维的牵连而不致破碎散失，因此不会出现大的坑洼，这对行车安全、舒适和路面的修补具有实际的意义。

三、常用纤维的种类

一般纤维共同的、比较典型的特点主要有：①比表面积大。纤维的直径一般只有几十个微米，相当于人头发直径的 1/10，10 mm^3 的纤维可提供 1m^2 的表面积。所以纤维分布到基体中去，会产生明显的界面作用，对基体性质影响较大。②力学性能好。大部分纤维的抗拉强度和弹性模量都很高，纤维复合后的材料抗拉强度和承受动荷载的能力都会得到不同程度的提高。③长径比可以变化。不同的工艺可以制成不同长径比的纤维，这样使得纤维在基体中具有传递界面的作用、分散集中应力的用途，改善基体的力学性能。纤维在沥青混凝土路面中应用的种类有木质素纤维、聚合物纤维、矿物纤维、玻璃纤维等。

（一）木质素纤维

木质素纤维属于植物纤维，是天然木材再加工成纸浆和纤维浆时，通过一系列的物化处理，最终将一部分纤维素剩余后，经洗涤、过滤、喷雾、干燥等工艺过程而得到的一种浅绿色或灰色的形如棉絮的有机纤维。木质素纤维比表面积大，化学稳定性好，具有良好的结合性，与酸性、中性骨料相比具有良好的吸附性。但木质素纤维易受潮吸水，会影响沥青与集料间的黏结强度，使用过程中易老化，不能再生利用。美国有些州从再生角度及沥青路面的耐久使用方面着想，已开始限制使用木质素纤维。木质素纤维在沥青玛蹄脂碎石中主要作用为稳定沥青，增加沥青用量，但对沥青混合料几乎没有增强效果。

（二）聚合物纤维

聚合物化学纤维通常使用的原料有聚酯纤维（涤纶）和丙烯酸纤维（腈纶）。聚酯纤维是大分子链中各链节通过酯基联结的成纤高聚物纤维，一般为乳白色并带有丝光，表面光滑，横截面近于圆形，密度在 1.38 ~ 1.40 g/cm³，具有低的回潮率（约为 0.4%，比腈纶的 1% ~ 2% 和锦纶的 4% 要低），其耐热性能较好，软化点为 230 ~ 240℃，熔点为 255 ~ 265℃，在火中能燃烧，会发生卷曲，并熔成珠，有黑烟及芳香味。因低的吸湿返潮性，其导电性较差。聚酯纤维除耐碱性能较差外，具有良好的化学稳定性、耐酸和耐微生物性能，以及不受一般非极性溶剂侵蚀的能力。强度高，延伸度适中，模量高，回弹性好。

聚丙烯腈纶是指由聚丙烯腈或丙烯腈含量占 85% 以上的线型聚合物所制成的纤维，我国常将它称为腈纶。它是将丙烯腈与共聚单体（丙烯酸甲酯、亚甲基丁二酸）进行聚合，生成聚丙烯腈树脂，经溶剂（硫氰酸钠、二甲基甲酰胺、硝酸、氯化锌等）溶解，形成黏度适宜的纺丝液，用湿法或干喷湿法进行纺丝，经凝固浴成型、水洗、牵伸、热定型、上油、卷绕等工序获得的。如果将聚丙烯腈纤维再加工处理，还可得到聚丙烯腈基碳纤维。

（三）矿物纤维

最早使用的矿物纤维是石棉纤维。石棉是一类天然水和金属硅酸盐岩石的总称，外观呈平行的或交错的细纤维状，可剥离成极细的纤维，具有耐火、耐热、耐酸碱、抗腐蚀性、绝缘的特点。其优点是成本低廉、资源丰富、使用方便。但因石棉粉尘对人体的危害及对环境污染严重，会引起硅肺、支气管癌和皮肤癌，所以在一些工业发达国家已经禁止使用石棉纤维。国内虽未禁止使用，但随着其他种类纤维技术的日益完善，石棉纤维已逐步退出市场。

（四）玻璃纤维

玻璃纤维是非结晶型无机纤维，由熔化的玻璃以极快的速度抽拉制成。玻璃由若干种金属和非金属的氧化物构成。玻璃纤维强度高，耐腐蚀，耐高温，不易燃烧，是电气绝缘、隔热吸声等材料的良好掺加剂，在各行各业都有较广泛的应用。但是因为玻璃纤维在沥青中若直径较大，则会导致刚度过大，脆性增加，在交叉使用下易折断，耐久性差，并且受热后容易结团，不易分散，所以玻璃纤维在沥青混合料中较少使用。玻纤格栅处治沥青路面裂缝示意图如图 4-1、图 4-2 所示。

（a）处理前（原路面龟裂）　　　　　（b）处理中（铺玻纤格栅后铺洒热沥青）

（c）处理后

图 4-1　文山市玻纤格栅处治施工示意图

（a）铺筑玻纤格栅　　　　　　　　　　（b）喷洒热沥青，细碎石封面

图4-2　文山市玻纤格栅处治（大面积）施工示意图

参考文献

[1] 马朝鲜. 沥青路面及养护管理 [M]. 北京：中国石化出版社，2021.

[2] 赵伟强. 沥青路面养护施工技术 [M]. 北京：人民交通出版社，2020.

[3] 张金喜. 沥青路面养护决策理论与方法 [M]. 北京：科学出版社，2020.

[4] 易小波，刘彦杰，龙伟. 公路沥青路面施工及病害防治技术研究 [M]. 延吉：延边大学出版社，2020.

[5] 李长雨，郭玉峰，刘晓铎. 公路沥青路面施工及病害防治技术 [M]. 哈尔滨：黑龙江科学技术出版社，2017.

[6] 周迎新. 沥青路面检测与养护技术研究 [M]. 北京：中国建材工业出版社，2015.

[7] 孙祖望，任民. 沥青路面预防性养护实用技术 [M]. 北京：中国建材工业出版社，2017.

[8] 王中平. 公路沥青路面预防性养护新技术 [M]. 徐州：中国矿业大学出版社，2015.

[9] 上海市路政局. 沥青路面预防性养护技术规程 [M]. 上海：同济大学出版社，2015.